LV·Buch Wir lieben das Landleben.

Ob knusprig gebraten, goldgelb gebacken oder kross frittiert: Die Kartoffel ist ein Tausendsassa in der Küche. Die „tolle Knolle" ist nicht nur sehr gehaltvoll – sie hat auch einen wunderbar aromatischen Eigengeschmack. Schon „ohne alles" ist die Kartoffel eine Delikatesse. Außerdem bietet sie eine enorme Vielfalt an Zubereitungsarten: als Hauptkomponente für schmackhafte Gerichte aus Ofen, Pfanne und aus dem Topf wie auch als Basis für die pikantesten Salate. Zu Fisch und Fleisch ist sie ein variantenreicher Begleiter, und auch bei vielen vegetarischen Gerichten ist sie mit von der Partie. Kurz: Die Kartoffel ist – auch aus der internationalen Küche – nicht wegzudenken.

W0222916

Vorwort

Kartoffelgerichte haben Tradition. Schon bei meiner Mutter, Großmutter und Urgroßmutter hat es Kartoffeln gegeben, in vielen Variationen: Kartoffelbrei, Bratkartoffeln mit Zwiebeln und Speck, eine nahrhafte Kartoffelsuppe oder der klassische Kartoffelsalat mit Würstchen standen auf dem Speiseplan. Und geschmeckt hat es immer wunderbar.
In diesem Buch finden Sie neben „Klassikern" auch nicht so geläufige Rezepte wie z. B. den „Baskischen Kartoffel-Fisch-Eintopf". Alles, was Sie für die Zubereitung von Gratins, Aufläufen, Suppen, Salaten & Co. brauchen, ist eine Bratpfanne, einen Kochtopf und einen Backofen.

Viel Freude wünsche ich Ihnen mit den „Leckeren Kartoffelgerichten" und natürlich ein gutes Gelingen!

Janny Hebel

Bratkartoffeln mit Zuckerschoten & Paprika S. 20

Mediterrane Kartoffelstäbchen S. 48

LECKERE Kartoffel-Rezepte

Wissenswertes aus der Kartoffelküche 4

Suppen

Großmutters Kartoffelsuppe 10

Kalte Kartoffel-Birnen-Suppe 12

Kartoffelcremesuppe mit Pfifferlingen 14

Kartoffelsuppe „Nordische Art“ 16

Vorspeisen, Salate & Beilagen

Bratkartoffeln mit Zuckerschoten & Paprika 20

Kartoffel-Apfel-Salat 22

Kartoffelbaumkuchen 24

Kartoffel-Birnen-Gratin 26

Kartoffelbrot 28

Kartoffelchips aus dem Ofen 30

Kartoffelcrêpes 32

Kartoffel-Käse-Gratin 34

Kartoffelkroketten 36

Kartoffel-Nuss-Plätzchen 38

Kartoffelsalat mit Räucherlachs 40

Kartoffelsalat mit Remouladensauce 42

Kartoffel-Sellerie-Schnee 44

Lauwarmer Kartoffelsalat mit Löwenzahn 46

Mediterrane Kartoffelstäbchen 48

Pommes dauphines 50

Pommes duchesse (Herzoginkartoffeln) 52

Pommes macaire (Macairekartoffeln) 54

Schwäbischer Kartoffelsalat 56

Hauptgerichte

Baskischer Kartoffel-Fisch-Eintopf 60

Geröstete Rosmarinkartoffeln mit Zitronenhuhn 62

Hachis Parmentier 64

Kabeljaufilet mit Kartoffelhaube an Rahmchampignonsauce 66

Kartoffel-Bataten-Eintopf 68

Kartoffelgratin mit Kassler ... 70

Kartoffel-Lamm-Eintopf 72

Kartoffelpastete mit Speck ... 74

Kartoffelpuffer mit Apfelmus 76

Kartoffelrösti mit Lachsburger & Wasabi-Dip 78

Kartoffel-Spinat-Auflauf 80

Kartoffel-Wirsing-Bratlinge mit pochiertem Ei 82

Rindercurry mit Erdäpfeln 86

Röstipfanne mit Schinken & Käse 88

Wissenswertes

DIE KARTOFFEL:

Die Kartoffeln gehören zu den wichtigsten Grundnahrungsmitteln. Sie enthalten ***Kohlehydrate***, die den Körper mit Energie versorgen. Das in der Kartoffel ebenfalls enthaltene ***Eiweiß*** ist biologisch hochwertig und wird vom menschlichen Körper besonders gut verwertet. ***Fett*** hat sie dagegen wenig, die „tolle Knolle". Die Kartoffel allein ist kein Dickmacher, im Gegenteil: Sie ist kalorienarm. Ein Grund mehr, dass man sie nicht nur wegen ihres aromatischen Eigengeschmacks mit gutem Gewissen auf den Speiseplan setzen und mit Appetit verzehren kann. Werden Kartoffeln z. B. zu Bratkartoffeln oder Pommes frites „veredelt", schmecken sie noch mal so köstlich, enthalten aber aufgrund des Fettes, in dem sie gebraten oder frittiert werden, einiges mehr an Kalorien.

Ballaststoffe, Mineralien und Vitamine hat die Kartoffel ebenfalls zu bieten – und das nicht zu knapp. Zu den Mineralien gehört das ***Kalium***, das den Körper entwässert und für einen ausgeglichenen Säure-Basen-Haushalt im Körper sorgt. Dazu kommen die Mineralien und Spurenelemente ***Calcium, Magnesium und Eisen***. Die Vitamine der Kartoffel befinden sich direkt unter der Schale. ***Vitamin C*** ist besonders viel enthalten. Je länger Sie die Kartoffeln lagern, desto mehr baut es sich jedoch ab. Wenn Sie

…aus der Kartoffelküche

…EIN GESUNDES GRUNDNAHRUNGSMITTEL

junge Kartoffeln mit Schale verzehren, gönnen Sie Ihrem Körper also einen echten Vitamin-C-Schub. Daneben hat die Kartoffel auch die ***Vitamine B1, B2*** und ***B6*** zu bieten.

KARTOFFELN RICHTIG BEHANDELN

Sie können von dem reichen Nährstoffgehalt der Kartoffeln nur profitieren, wenn Sie sie sachgemäß behandeln. Sie sollten nur ungewaschene Kartoffeln einkellern. Bereiten Sie in der Küche nur unversehrte Kartoffeln zu: das heißt, sie sollten nicht keimen und auch keine grünen Stellen aufweisen.

Wenn Sie Kartoffeln schälen, benutzen Sie möglichst einen Sparschäler, da, wie Sie jetzt wissen, die meisten Mineralien und Vitamine direkt unter der Schale stecken. Waschen Sie Kartoffeln ab, tun Sie das gründlich. Lassen Sie sie dabei aber nicht zu lange im Wasser liegen. Auch dabei verlieren sie nämlich an Nährstoffen. Haben Sie Kartoffeln gekocht, gießen Sie sie am besten direkt ab. Denn wenn Sie sie zu lange im Kochwasser belassen, bleiben sie zwar schön heiß, verlieren aber an Nährstoffen. Zu guter Letzt: Kartoffeln nie roh verzehren. Sie enthalten giftige Proteine.

Welche Kartoffeln für welches Kartoffelgericht?

Speisekartoffeln werden nach ihren Kocheigenschaften unterschieden.
Festkochende Kartoffeln: Sie haben einen geringen Stärkegehalt und behalten beim Kochen, Braten und Backen ihre Form. Festkochende Kartoffelsorten sind daher für Salz-, Pell- und Bratkartoffeln, Kartoffelsalate wie auch für Gratins und Aufläufe besonders gut geeignet. **Bekannte Sorten:** Cilena, Linda, Nicola, Selma oder Princess.

Vorwiegend festkochende Kartoffeln: Unter dieser Bezeichnung werden Kartoffelsorten von feinkörniger und mäßig feuchter Konsistenz gehandelt. Sie neigen beim Kochen dazu aufzuspringen. Sie eignen sich gut für Aufläufe, Gratins, Suppen, Rösti und Pommes frites.
Bekannte Sorten: Bamberger Hörnchen, Christa, Daniella, Donella, Marabel, Quarta, Secura, Solara.

Mehligkochende Kartoffeln: Die Konsistenz dieser Kartoffelsorten ist grobkörnig und trocken (enthalten viel Stärke) und platzen beim Kochen oft auf. Sie sind besonders geeignet als Beilage für Fleischgerichte mit Sauce (diese nehmen sie besonders gut auf), für Kartoffelpürees in allen Variationen, Eintöpfe, Kroketten und Klöße. Bekannte Sorten: Adretta, Aula, Bintje, Blauer Schwede, Likaria.

Noch ein Wort zur ***Farbe*** der handelsüblichen Kartoffeln. Es gibt Kartoffeln mit gelber, roter und blauer Schale. Ist ihre Schale grün, nehmen Sie vom Verzehr bitte Abstand. Diese Kartoffeln sind keinesfalls genießbar: In ihnen ist das giftige Solanin angereichert.

Kleiner Exkurs: die Süßkartoffel (Batate, siehe Rezept, Seite 69). Süßkartoffeln/Bataten sind im engsten Sinne keine Kartoffeln, sie werden in der Küche aber ähnlich verarbeitet. Ihr Fruchtfleisch ist je nach Sorte weißlich oder gelblich bis rotviolett. Es enthält viel Stärke und Zucker. Dadurch erhalten Süßkartoffeln ihren typischen süßen Geschmack. In der Zubereitung sind Süßkartoffeln ähnlich vielseitig wie die heimischen Knollen: Man kann sie kochen, backen, überbacken, frittieren oder braten. Auch kann man sie – im Gegensatz zu „echten" Kartoffeln – roh verzehren.

WELCHES FETT IST WANN DAS RICHTIGE?

Gut gelungene Bratkartoffeln sind ein kulinarischer Hochgenuss. Dass sie gelingen, hängt neben der Wahl des richtigen „Kochgeschirrs" ganz besonders von der Wahl des richtigen Fettes ab, in dem sie „gebrutzelt" werden. Wann greifen Sie zum Öl, wann bevorzugen Sie Schmalz, und wann sind Sie mit Butter auf dem richtigen Weg?
Hier die wichtigsten, in der Küche verwendeten Bratfette und ihre Eigenschaften auf einen Blick:
Butterschmalz: Liefert einen ausgeprägten Buttergeschmack, ist hoch erhitzbar, hat einen hohen Rauchpunkt, spritzt nicht. Ist zum Backen, Braten und Frittieren gut geeignet.
Schweineschmalz: Ist hoch erhitzbar, hat einen hohen Rauchpunkt, einen typischen Eigengeschmack. Ist für Kurzgebratenes und zum Frittieren gut geeignet.
Pflanzenfette: Spritzen nicht, sind hoch erhitzbar, geschmacksneutral und lange haltbar. Sie sind zum Backen und Braten gut geeignet.
Kaltgepresste Pflanzenöle: Haben einen eigenen Geschmack und Geruch, sind nicht hoch erhitzbar. Sie sind zum Braten und für die kalte Küche geeignet.
Raffinierte Pflanzenöle: Sind geschmacksneutral, mittelhoch erhitzbar

(bis ca. 200°). Sie sind zum Braten und Frittieren geeignet.
Erdnussöl: Starker Eigengeschmack, zum Braten und Frittieren geeignet.
Distelöl und Leinöl: Sie sind nur in der kalten Küche zu verwenden.
Butter: Hoch erhitzbar. Zum Backen und Braten geeignet. Allerdings ist bei der Butter darauf zu achten, dass sie schwarz werden und selbst verbrennen kann. Dann ist sie nicht mehr genießbar.

Kleiner Grundkurs I:
SO GELINGEN POMMES FRITES

Zur Zubereitung von Pommes frites schälen Sie große Kartoffeln, schneiden sie längs in Stäbchen von knapp 1 cm Breite und einer Länge von 4–10 cm. Dann werden sie auf einer saugfähigen Unterlage leicht getrocknet und anschließend in heißem Pflanzenöl zweimal frittiert. Beim ersten Frittieren wählen Sie eine Temperatur von ca. 140–160°, bis die Pommes frites blassgelb sind. Dann lassen Sie sie erst abkühlen, bevor Sie den zweiten Arbeitsgang in Angriff nehmen. Dann frittieren Sie die Pommes frites bei ca. 175°, bis sie eine goldbraune Farbe angenommen haben. Wenn Sie das Frittieren lieber in einem Schritt erledigen wollen, werden die „Fritten" außen zu dunkel und innen nicht gar. Geben Sie zu viele Kartoffelstäbchen gleichzeitig ins Fett, kühlt dieses stark ab. Die Folge: Die Pommes frites saugen zu viel Fett auf, da sich nicht sofort eine vorm Fett schützende Kruste bildet. Daher die Faustregel: 100 g „Fritten" auf 1–1,5 Liter Öl.

Kleiner Grundkurs II:
SO GELINGEN BRATKARTOFFELN

Aus rohen Kartoffeln: Die geschälten Kartoffeln in ca. 5 mm feine Scheiben schneiden und kurz mit Wasser abspülen. Danach gut trocken tupfen. So verhindern Sie, dass die Kartoffelscheiben beim Braten zusammenkleben. Sehr knusprig werden sie, wenn sie vor dem Braten in Mehl gewendet werden. Dabei einen Pfannenwender einsetzen. Etwas Butterschmalz in der Pfanne erhitzen und die Kartoffeln darin bei mittlerer Hitze ca. 20 Minuten braten. Nicht zu oft wenden, denn dann werden sie nicht knusprig.
Aus halb gekochten Kartoffeln: Geschälte Kartoffeln würfeln und ca. 5 Minuten in Salzwasser kochen, abgießen und abkühlen lassen. Dann in Mehl wenden und in reichlich Öl und Butter knusprig braten. Wichtig: Das Öl muss richtig heiß sein, bevor Sie die Kartoffeln in die Pfanne geben.

Suppen

Großmutters Kartoffelsuppe

ZUTATEN *(für 4 Personen)*
350 g Kartoffeln (mehligkochend)
3 EL Butter
400 ml Wasser
2 Zweige Majoran
2 Zwiebeln
Salz, Pfeffer

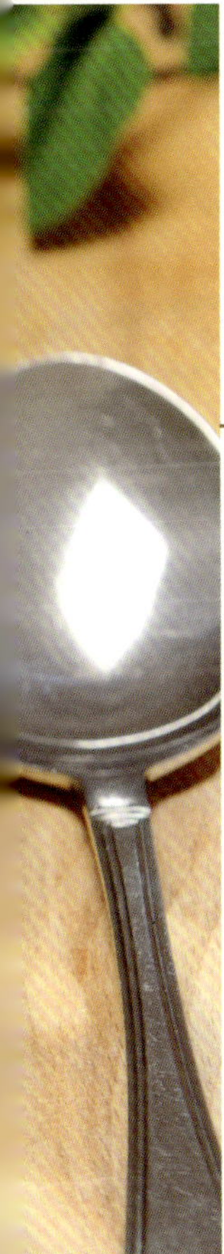

Großmutters Kartoffelsuppe

ZUBEREITUNG

KARTOFFELN schälen, waschen und würfeln. 1 EL Butter in einem Topf schmelzen und die Kartoffeln darin dünsten, dabei leicht salzen. Das Wasser zugießen, aufkochen lassen und bei mittlerer Hitze bei geschlossenem Deckel ca. 20 Minuten garen.

DIE ZWIEBELN abziehen, würfeln und in einer Pfanne in der restlichen Butter kross schmoren. Die Majoranblätter abzupfen und klein hacken.

DIE SUPPE pürieren und mit Salz und Pfeffer abschmecken. Dann den gehackten Majoran und die Zwiebelwürfel unterrühren. Servier-Variante: Die Suppe auf Tellern anrichten und mit Zwiebeln und Majoran garnieren.

TIPP: *Wer es im Geschmack gern kräftiger mag, nimmt statt Wasser Gemüsefond. Statt Majoran schmeckt diese Kartoffelsuppe auch mit Oregano sehr gut.*

ZUTATEN *(für 4 Personen)*
150 g Kartoffeln
250 g Lauch
2 Birnen
750 ml Gemüsebrühe
Olivenöl
1 Döschen Safran
2 EL Schnittlauchröllchen
Salz, Pfeffer

Kalte Kartoffel-Birnen-Suppe

ZUBEREITUNG

LAUCH waschen und in feine Streifen schneiden. Kartoffeln schälen, waschen und würfeln. Birnen schälen, entkernen und würfeln.

ÖL in einem Topf erhitzen. Lauch und Kartoffeln unter ständigem Rühren 5 Minuten darin garen. Birnenwürfel, Safran und Brühe dazugeben. Die Suppe zum Kochen bringen, dann die Hitze reduzieren und 15 Minuten bei geschlossenem Deckel köcheln lassen. Anschließend pürieren und mit Salz und Pfeffer abschmecken.

DIE SUPPE abkühlen lassen, in Suppentellern anrichten und mit Schnittlauch garnieren.

TIPP: *Die Kartoffel-Birnen-Suppe schmeckt natürlich auch warm wunderbar.*

Kalte Kartoffel-Birnen-Suppe

Kartoffelcremesuppe

MIT PFIFFERLINGEN

ZUTATEN *(für 4 Personen)*

1 kg Kartoffeln (mehligkochend)
2 mittelgroße Zwiebeln
3–4 Stiele frischer Thymian (oder 1 TL getrockneter Thymian)
2 EL Butter / Margarine
3–4 TL gekörnte Gemüsebrühe
250 g frische Pfifferlinge (aus dem Glas: 314 ml)
50–75 g geräucherter durchwachsener Speck
150 g Crème fraîche
Salz, Pfeffer

Kartoffelcremesuppe

MIT PFIFFERLINGEN

ZUBEREITUNG

KARTOFFELN schälen, waschen und in Stücke schneiden. Zwiebeln abziehen und fein würfeln. Thymian waschen und abzupfen (bis auf einen kleinen Rest für die Dekoration).

BUTTER bzw. Margarine in einem Topf erhitzen. Die Hälfte der Zwiebelwürfel darin andünsten. Kartoffeln und Thymian kurz mitdünsten. Ca. 1 l Wasser angießen, die Brühe einrühren und aufkochen. Zugedeckt etwa 20 Minuten köcheln lassen.

PFIFFERLINGE putzen, evtl. waschen. Den Speck klein würfeln und in einer Pfanne scharf anbraten. Die restlichen Zwiebelwürfel zugeben und glasig dünsten. Die Pfifferlinge mitbraten, dabei ständig wenden. Mit Salz und Pfeffer (nach Belieben) würzen.

DIE KARTOFFELN in der Brühe pürieren. Zwei Drittel der Crème fraîche unterrühren. Die Suppe mit Salz und Pfeffer abschmecken. Mit einem Klecks restlicher Crème fraîche garnieren. Die Speckpfifferlinge und den restlichen Thymian darüber streuen.

ZUTATEN *(für 6 Personen)*

1 kg Suppenfleisch vom Rind
1 Bund Suppengrün
2 Lorbeerblätter
1 EL Pfefferkörner
2 Gewürznelken
1 Zwiebel
Schale von 1 unbeh. Zitrone
Salz
400 g Kartoffeln (vorwiegend festkochend)
150 g Möhren
1 EL Butter
150 g Champignons
1 Bund glatte Petersilie

Kartoffelsuppe „Nordische Art“

ZUBEREITUNG

SUPPENGRÜN putzen und grob zerkleinern. Zusammen mit dem Suppenfleisch, Pfefferkörnern, Gewürznelken, der Zwiebel und Zitronenschale in 1 ½ l leicht gesalzenem Wasser langsam zum Kochen bringen. Etwa 2 Stunden bei schwacher Hitze und ohne Deckel kochen lassen.

KARTOFFELN und Möhren schälen, in dünne Scheiben schneiden. Champignons putzen und ebenfalls in Scheiben schneiden.

SUPPENFLEISCH aus der Brühe nehmen. Die Brühe durch ein Sieb gießen und evtl. auf 1 Liter auffüllen. Kartoffeln und Möhren in der Brühe 15 Minuten köcheln lassen.

CHAMPIGNONS in Butter kräftig braten und kurz vor Ende der Garzeit der Kartoffeln mit zur Brühe geben. Petersilie waschen, trocken tupfen, fein hacken. Die Suppe auf Tellern anrichten und mit Petersilie bestreuen.

TIPP: *Das Fleisch lässt sich sehr gut zu Fleischsalat weiterverarbeiten.*

Kartoffelsuppe „Nordische Art“

Vorspeisen

Salate & Beilagen

Bratkartoffeln

MIT ZUCKERSCHOTEN & PAPRIKA

ZUTATEN *(für 4 Personen)*
600 g große Kartoffeln (festkochend)
3 Schalotten, 60 g durchwachsener Speck
1 rote Paprikaschote, 100 g Zuckerschoten
1 Bund Radieschen, ½ Bund glatte Petersilie
30 g Butterschmalz, 50 g Butter, Salz, Pfeffer

Bratkartoffeln

MIT ZUCKERSCHOTEN & PAPRIKA

ZUBEREITUNG

KARTOFFELN mit einer Bürste unter kaltem Wasser gründlich säubern und in einem Topf mit reichlich Wasser zum Kochen bringen. Bei geschlossenem Deckel 20 Minuten weich kochen. Dann gut auskühlen lassen, pellen und in Scheiben schneiden.

SCHALOTTEN abziehen und fein würfeln. Speck in feine Würfel schneiden. Paprikaschote halbieren, entkernen, waschen und würfeln. Zuckerschoten waschen, putzen und schräg in Stücke schneiden. Radieschen putzen, waschen und in Scheiben schneiden. Petersilienblätter von den Stielen zupfen, waschen, trocken tupfen und fein hacken.

BUTTERSCHMALZ in einer beschichteten Pfanne erhitzen und die Kartoffelscheiben goldbraun anbraten. Speckwürfel zugeben und unter regelmäßigem Schwenken der Pfanne anbräunen. Zwiebelwürfel hinzufügen und anschwitzen. Restliches Gemüse zufügen und 2 Minuten braten.

MIT SALZ UND PFEFFER würzen, die Butter zugeben und die Kartoffeln glasieren. Abschließend die gehackte Petersilie unterrühren.

ZUTATEN

(für 4 Personen)
1 kg kleine Frühkartoffeln (festkochend)
1 Salatgurke
50 g Walnüsse
1 Bund glatte Petersilie
1 säuerlicher Apfel

FÜR DAS DRESSING:
150 ml Apfelsaft
½ TL Zucker
3 EL milder Essig
2 TL Senf
3 EL Walnuss- oder Olivenöl
Salz, Pfeffer

Kartoffel-Apfel-Salat

ZUBEREITUNG

KARTOFFELN gründlich abspülen und mit Schale 18–20 Minuten bissfest kochen. Abgießen, kurz ausdampfen und ganz abkühlen lassen. Die Kartoffeln halbieren oder dritteln.

GURKE abspülen, trocken tupfen, grob schälen, der Länge nach halbieren und mit einem Teelöffel entkernen. Das Gurkenfruchtfleisch in ½ dicke Scheiben schneiden und salzen. Die Walnüsse grob hacken. Petersilie abspülen, trocken schütteln und die Blätter fein hacken. Den Apfel abwaschen, vierteln, das Kerngehäuse entfernen und das Fruchtfleisch in kleine Stifte schneiden.

FÜR DAS DRESSING Apfelsaft, Zucker, Essig, Senf, Salz und Pfeffer verrühren. Das Öl in einem feinen Strahl dazugießen und mit einer Gabel unterschlagen. Mit Salz und Pfeffer abschmecken.

KARTOFFELN, Gurkenscheiben und Apfelstifte mit dem Dressing mischen und mindestens 30 Minuten ziehen lassen. Anschließend noch einmal kräftig abschmecken. Petersilie und Walnüsse erst kurz vor dem Servieren unterheben.

Kartoffel-Apfel-Salat

Kartoffelbaumkuchen

ZUTATEN *(für 4 Personen)*
350 g Kartoffeln (mehligkochend)
40 g Mehl
60 g Speisestärke
4 Eier
75 g weiche Butter
75 g Crème fraîche
1 Döschen Safran (gemahlen)
¼ TL Muskatnuss (gerieben)
Salz, Pfeffer
Butter für die Form

Kartoffelbaumkuchen

ZUBEREITUNG

KARTOFFELN schälen, waschen und in Salzwasser ca. 20 Minuten garen. Abgießen und durch eine Kartoffelpresse drücken. Mehl und Stärke darüber sieben, die Eier trennen. Butter mit Eigelb schaumig rühren, dann die Kartoffeln und Crème fraîche unter die Butter-Eigelb-Masse rühren.

EIWEISS mit einer Prise Salz steif schlagen und nach und nach vorsichtig unter die Kartoffelmasse ziehen. Mit Salz, Pfeffer, Safran und Muskatnuss würzen.

EINE KASTENFORM mit Butter einfetten. Für die erste Schicht den Kartoffelteig 1 cm dick in die Kastenform streichen und unter dem vorgeheizten Backofengrill bei 240° ca. 2–5 Minuten überbacken (Gas: Stufe 6, Umluft 220°). Den restlichen Teig nach und nach in weiteren Schichten aufstreichen und ebenso überbacken.

DEN KARTOFFELBAUMKUCHEN aus der Form lösen und in Scheiben schneiden.

ZUTATEN *(für 4 Personen)*
750 g Kartoffeln
350 g Birnen
200 ml Milch
150 g Roquefort-Käse
2 Eigelb
1 TL Speisestärke
geriebene Muskatnuss
Salz, Pfeffer
Fett für die Form

Kartoffel-Birnen-Gratin

ZUBEREITUNG

KARTOFFELN SCHÄLEN, waschen und in dünne Scheiben schneiden. Birnen waschen, vierteln und die Kerngehäuse entfernen. Die Birnenviertel in Spalten schneiden. Kartoffeln und Birnen fächerförmig in eine gefettete Gratinform schichten.

DEN ROQUEFORT würfeln. Milch, zwei Drittel vom Roquefort, Eigelb und Speisestärke mit dem Schneebesen des Handrührgerätes verrühren. Mit Salz, Pfeffer und Muskat würzen und über die Kartoffeln / Birnen gießen. Mit dem restlichen Roquefort bestreuen. Im vorgeheizten Backofen (E-Herd: 200° (Ober-/Unterhitze), Gas: Stufe 3) ca. 45 Minuten überbacken.

Kartoffel-Birnen-Gratin

Kartoffelbrot

ZUTATEN *(für 4 Personen)*
500 g Kartoffeln (mehligkochend)
1 Päckchen Trockenhefe
1 TL Zucker
500 g Mehl
3 EL Buchweizenmehl
1 TL Salz
2 Eier
250 ml Milch

Kartoffelbrot

ZUBEREITUNG

KARTOFFELN schälen, waschen und in reichlich Salzwasser gar kochen. Abgießen und noch heiß durch die Kartoffelpresse drücken. Vor der Weiterverarbeitung auskühlen lassen.

HEFE UND ZUCKER mit etwas Milch anrühren und gehen lassen. Aus Kartoffeln, Mehl, Buchweizenmehl, Salz, Eiern, der restlichen Milch sowie der Hefe einen glatten Teig kneten. Diesen ca. 45 Minuten zugedeckt gehen lassen, bis er in etwa das doppelte Volumen angenommen hat. Den Teig anschließend in eine gefettete Kastenform geben. Im vorgeheizten Backofen bei 200° Ober- und Unterhitze ca. 45 Minuten backen. Auf einem Kuchengitter abkühlen lassen.

TIPP: *Dazu schmecken pikante Dips wunderbar. Auch ein grüner oder gemischter Salat ist eine perfekte Ergänzung für einen leichten Snack bei warmen Sommertemperaturen.*

ZUTATEN *(für 4 Personen)*
8 große Kartoffeln
Öl
Salz, Paprikapulver

Kartoffelchips
AUS DEM OFEN

ZUBEREITUNG
KARTOFFELN waschen, schälen und in hauchdünne Scheiben schneiden. Etwas Öl, Salz und Paprikapulver in einer Schüssel verrühren. Die Kartoffelscheiben darin wenden. Dann die Kartoffelscheiben auf ein Backblech legen und im vorgeheizten Backofen bei 200° (Umluft) ca. 15 Minuten backen. Zwischendurch wenden.

TIPP: *Auch aus Süßkartoffeln lassen sich wunderbar knusprige Chips zubereiten: eine leckere Beilage zu Fleischgerichten jeder Art. Auch mit einem pikanten Dip schmecken Chips als kleiner Snack zwischendurch immer gut.*

Kartoffelchips
AUS DEM OFEN

Kartoffelcrêpes

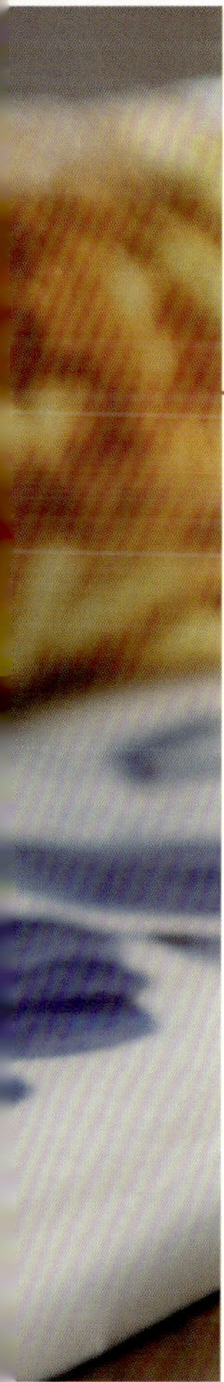

ZUTATEN *(für 4 Personen)*
600 g Kartoffeln (mehligkochend)
2 EL Milch
1 EL Kartoffelmehl
6 Eier
½ Becher süße Sahne
½ TL Salz
Fett zum Ausbacken

Kartoffelcrêpes

ZUBEREITUNG

KARTOFFELN schälen, waschen, in reichlich Salzwasser weich kochen und anschließend durch eine Kartoffelpresse drücken. Danach abkühlen lassen.

MEHL, KARTOFFELMEHL, Eier, Sahne und etwas Salz zur Kartoffelmasse geben und alles gründlich verrühren. Den Kartoffelteig anschließend ca. 30 Minuten ruhen lassen.

DEN KARTOFFELTEIG portioniert in einer heißen, gefetteten Pfanne zu dünnen Pfannkuchen ausbacken.

TIPP: *Mit Kartoffelcrêpes lässt sich immer punkten. Je nach gewählter Variante kann man sie sehr gut als Beilage, Hauptgericht oder auch als Dessert servieren. Sie schmecken sowohl mit einer herzhaften als auch mit einer süßen Füllung sehr lecker.*

ZUTATEN *(für 4 Personen)*
250 g Kartoffeln (festkochend)
1 Knoblauchzehe
20 g Butter für die Form
125 g Sahne
1/8 l Milch
80 g geriebener Gouda, Bergkäse oder Gruyère
30 g Butterflöckchen
Salz, geriebene Muskatnuss

Kartoffel-Käse-Gratin

ZUBEREITUNG

DIE KNOBLAUCHZEHE abziehen und halbieren. Eine große flache Gratinform mit den Schnittflächen einreiben. Dann mit der Butter ausstreichen.

DEN BACKOFEN auf 220° (Umluft) vorheizen. Die Kartoffeln schälen und in 3 mm dicke Scheiben schneiden. Diese dachziegelartig in der Gratinform anordnen.

SAHNE UND MILCH zusammen aufkochen. Mit Salz und Muskatnuss würzen und leicht einkochen lassen. Dann über die Kartoffeln gießen. Das Ganze mit dem geriebenen Käse bestreuen und die Butterflöckchen darüber verteilen. Das Gratin in den Backofen geben und 60 Minuten überbacken. Dabei darauf achten, dass der Käse nicht zu dunkel wird.

TIPP: *Sollte das Gratin schon vor Ende der Garzeit eine intensive Bräunung angenommen haben, mit Alufolie abdecken, damit es nicht verbrennt.*

Kartoffel-Käse-Gratin

Kartoffelkroketten

ZUTATEN *(für 4 Personen)*
400 g Kartoffeln (mehligkochend)
2 Eigelb
2 EL Mehl
1 Ei
Semmelbrösel (reichlich)
Salz, Muskat
Fett zum Frittieren

Kartoffelkroketten

ZUBEREITUNG

DIE KARTOFFELN schälen, waschen, in Salzwasser weich kochen, abschütten und gut ausdampfen lassen. Dann durch die Kartoffelpresse drücken, die Eigelbe untermischen und mit Salz und Muskat abschmecken. Sollte die Masse zu feucht sein, etwas Speisestärke dazugeben.

DIE KARTOFFELMASSE in einen Spritzbeutel füllen, 2 cm starke Streifen auf die Arbeitsplatte spritzen, in gleichmäßige Stücke schneiden und eventuell nachrollen. Die Kroketten in Mehl wenden, durch das verquirlte Ei ziehen und mit Semmelbröseln panieren. Die Kartoffelkroketten im heißen Frittierfett goldgelb ausbacken.

TIPP: *Bleibt bei einer Mahlzeit Kartoffelpüree übrig, kann man ihn wunderbar zu Kroketten verarbeiten. Die rohen Kroketten lassen sich gut einfrieren. Dann erst bei Bedarf auftauen und frittieren.*

ZUTATEN *(für 4 Personen)*
500 g Kartoffeln (mehligkochend)
2 Eier (Größe M)
1 EL Speisestärke
100 g gehackte Haselnüsse
2 EL Mehl (für die Arbeitsplatte)
4 El Butterschmalz (zum Ausbacken)
frisch geriebene Muskatnuss
Salz, Pfeffer

Kartoffel-Nuss-Plätzchen

ZUBEREITUNG

DIE KARTOFFELN schälen, waschen, in gleich große Stücke schneiden, kochen, abgießen und etwas auskühlen lassen.

EIER TRENNEN, aus dem Eiweiß Eischnee schlagen. Mit der Kartoffelpresse die Kartoffeln zu den Eigelben in eine Schüssel drücken, Speisestärke, Gewürze und die vorher gerösteten Haselnüsse zugeben. Alles zügig zu einem Teig verarbeiten. Den Eischnee unterheben.

AUS DEM TEIG auf der bemehlten Arbeitsfläche eine etwa 5 cm dicke Rolle formen, diese dann in gleich dicke Scheiben schneiden.

BUTTER IN DER PFANNE schmelzen lassen und bei mittlerer Temperatur die Kartoffelplätzchen ausbacken. Auf Küchenkrepp etwas ruhen lassen, um überschüssiges Fett abzunehmen. Warm servieren.

Kartoffel-Nuss-Plätzchen

Kartoffelsalat

MIT RÄUCHERLACHS

ZUTATEN *(für 4 Personen)*
2 kg Kartoffeln (festkochend)
6–8 Eier (Größe M)
1 mittelgroße Zwiebel
¼ l klare Gemüsebrühe (Instant)
ca. 5 EL Weißweinessig
150 g Crème fraîche, 300 g Vollmilch-Joghurt
ca. 100 g frischer Meerrettich (gerieben)
400 g Räucherlachs
½ Bund Schnittlauch, ½ Bund Dill
Salz, Pfeffer

Kartoffelsalat

MIT RÄUCHERLACHS

ZUBEREITUNG

KARTOFFELN waschen und in reichlich kochendem Wasser ca. 20 Minuten garen. Die Eier anstechen, ebenfalls in reichlich kochendes Wasser geben und 10 Minuten kochen. Anschließend unter kaltem Wasser abschrecken und auskühlen lassen. Die Kartoffeln abgießen, kalt abschrecken und pellen.

KARTOFFELN in Scheiben schneiden, die Zwiebel abziehen und fein würfeln. Brühe, Essig, Zwiebelwürfel sowie etwas Salz und Pfeffer in einem Topf erhitzen.

CRÈME FRAÎCHE, Joghurt, Meerrettich und 1 Prise Salz verrühren. Zuerst die heiße Vinaigrette unter die lauwarmen Kartoffelscheiben mischen. Ca. 5 Minuten ziehen lassen. Dann die Meerrettichsauce unterheben und den Salat mindestens eine Stunde ziehen lassen.

LACHS in Streifen schneiden. Eier pellen und klein schneiden. Schnittlauch waschen, trocken tupfen und in feine Röllchen schneiden. Dill waschen, trocken tupfen und fein hacken. Lachs, Eier, Dill und Schnittlauch (bis auf eine kleine Menge für die Dekoration) unter den Salat mischen. Mit Salz und Pfeffer abschmecken und auf kleinen Tellern anrichten. Mit den restlichen Schnittlauchröllchen garnieren.

ZUTATEN *(für 8 Personen)*
1,6 kg Kartoffeln (festkochend)
2 mittelgroße Zwiebeln
¼ l Gemüsebrühe (Instant)
ca. 4 EL Weißweinessig
4 Eier (Größe M)
100 g Gewürzgurken
½ Bund Petersilie
½ Bund Schnittlauch
30 g Kapern
500 g cremiger Vollmilch-Joghurt
200 g Salatmayonnaise
Salz, Pfeffer

Kartoffelsalat

MIT REMOULADENSAUCE

ZUBEREITUNG

ZWIEBELN abziehen und fein würfeln. Kartoffeln waschen und zugedeckt in kochendem Salzwasser ca. 20 Minuten garen. Kartoffeln abgießen, unter kaltem Wasser abschrecken und abtropfen lassen. Kartoffeln pellen und in Scheiben schneiden.

BRÜHE, ESSIG, Zwiebelwürfel, 1 Prise Salz und Pfeffer in einem Topf erhitzen. Die heiße Vinaigrette über die lauwarmen Kartoffelscheiben gießen und gut vermengen. Durchziehen und auskühlen lassen.

DIE EIER anstechen und in reichlich kochendem Wasser ca. 10 Minuten hart kochen. Dann unter kaltem Wasser abschrecken und auskühlen lassen. Die Gewürzgurken fein würfeln. Die Kräuter waschen und trocken schütteln. Petersilie hacken, den Schnittlauch in feine Röllchen schneiden. Die Eier schälen und fein würfeln. Kapern abtropfen lassen.

FÜR DIE REMOULADENSAUCE Joghurt und Mayonnaise verrühren, mit 1 Prise Salz und Pfeffer würzen. Mit den übrigen Kräutern, Gurken, Eiern und Kapern verrühren. Die Remouladensauce zum Kartoffelsalat geben, gut vermengen und nochmals 1 Stunde durchziehen lassen.

Kartoffelsalat

MIT REMOULADENSAUCE

Kartoffel-Sellerie-Schnee

ZUTATEN *(für 4 Personen)*
400 g Kartoffeln (mehligkochend)
400 g Knollensellerie (geschält)
40 g Butter
1 Thymianzweig
300 ml Geflügelfond
40 ml geschlagene Sahne

Kartoffel-Sellerie-Schnee

ZUBEREITUNG

KARTOFFELN UND SELLERIE grob reiben und in 15 g Butter farblos anschwitzen. (Die restliche Butter kalt stellen.) Den Thymianzweig dazugeben und alles knapp mit Geflügelfond bedecken. Im geschlossenen Topf weich garen. Dann die Kartoffel-Sellerie-Masse abgießen, die Flüssigkeit dabei auffangen. Die Masse durch ein Sieb streichen, mit der restlichen Butter gründlich vermengen und so viel von dem aufgefangenen Fond zugeben und verrühren, bis die Masse die gewünschte sämige Konsistenz aufweist. Den Kartoffel-Sellerie-Schnee warm stellen und kurz vor dem Anrichten die geschlagene Sahne unterziehen.

TIPP: *Bleibt viel Kartoffel-Sellerie-Schnee übrig, lässt sich daraus wunderbar am nächsten Tag ein Soufflé zaubern:*

Soufflé

ZUTATEN:
Kartoffelpüree vom Vortag
2 Eigelb
50 g gewürfelter Schinken
20 g Hartkäse, gemischte Kräuter (nach Belieben)
3 Eiweiß

ZUBEREITUNG:
Eigelb, Schinken, Käse und gehackte Kräuter mit dem Püree verrühren. Das Eiweiß schnittfest schlagen und unterheben. Eine Form einfetten und die Soufflémasse hineingeben. Im Backofen bei 180° (Umluft) 25 Minuten backen. Anschließend sofort servieren.

ZUTATEN *(für 4 Personen)*
300 g Kartoffeln (festkochend)
300 g Löwenzahn
50 g magerer Speck
2 Schalotten (oder 1 Zwiebel)
1 Knoblauchzehe
2–3 EL milder Essig
50 ml Brühe, Olivenöl
1 TL Senf
1 EL gehackte Petersilie
1 EL gehackter Schnittlauch
Salz, Pfeffer

Lauwarmer Kartoffelsalat

MIT LÖWENZAHN

ZUBEREITUNG

DIE KARTOFFELN unter fließendem Wasser gründlich bürsten und waschen, dann in einem Topf mit Salzwasser zum Kochen bringen. Ca. 25 Minuten gar kochen (je nach Größe) und dann abgießen. Im Topf unter gelegentlichem Schütteln ausdampfen lassen.

DEN SPECK würfeln und in Olivenöl anbraten. Die Schalotten und den Knoblauch abziehen, würfeln und kurz mitbraten. Mit Essig ablöschen und mit Brühe aufgießen. Etwas Öl und Senf dazugeben, alles glatt rühren und mit Salz und Pfeffer würzen. Etwas einkochen lassen.

DIE NOCH WARMEN KARTOFFELN schälen und in ca. 5 mm dicke Scheiben schneiden. In die heiße Marinade geben, von der Flamme nehmen und ziehen lassen.

LÖWENZAHN putzen, waschen und trocken schleudern. Mit Petersilie und Schnittlauch zu den noch warmen Kartoffeln geben und sofort anrichten.

TIPP: *Vor der Blüte schmecken die Blätter des Löwenzahns noch nicht so bitter.*

Lauwarmer Kartoffelsalat

MIT LÖWENZAHN

Mediterrane Kartoffelstäbchen

ZUTATEN *(für 4 Personen)*
2 kg große Frühkartoffeln
(können ungeschält gegessen werden)
Olivenöl
5 Knoblauchzehen
3 Zweige Rosmarin
Meersalz, Pfeffer
1 unbeh. Zitrone

Mediterrane Kartoffelstäbchen

ZUBEREITUNG

ZUNÄCHST ein Backblech im Backofen bei 200° Ober- und Unterhitze vorheizen. Die Kartoffeln gut waschen, trocken reiben und in 1 cm dicke Stäbe schneiden. Ca. 10 Minuten in Salzwasser vorkochen und abgießen.

IN EINER PFANNE etwas Olivenöl erhitzen, die geschälten Knoblauchzehen mit den Kartoffeln darin wenden. Mit Pfeffer würzen. Alles auf das vorgewärmte Backblech verteilen und ca. 20 Minuten im Backofen goldbraun backen.

WÄHRENDDESSEN die Rosmarinnadeln abzupfen, mit der Zitronenschale fein hacken und mit Meersalz mischen. Variante: Die Zutaten in einen Mörser geben und zerreiben.

DIE KARTOFFELSTÄBCHEN, wenn sie aus dem Ofen kommen, direkt mit Salz bestreuen.

ZUTATEN *(für 4 Personen)*
500 g Kartoffeln (mehligkochend)
100 ml Wasser
75 g Mehl
25 g Butter
Salz, geriebene Muskatnuss
1–2 Eier (je nach Größe)
Fett zum Frittieren

Pommes dauphines

ZUBEREITUNG

DIE KARTOFFELN in Salzwasser kochen, ausdampfen lassen und durch die Kartoffelpresse drücken.

FÜR DEN BRANDTEIG Wasser zusammen mit Butter, Salz und geriebener Muskatnuss aufkochen. Dann das Mehl in einem Schub (wichtig) in das kochende Wasser geben und sofort mit einem Holzlöffel rühren. Die Masse „abbrennen", d. h. so lange auf der heißen Kochplatte rühren, bis sich an Topfboden und Topfrand eine dünne weiße Schicht bildet. Die Brandmasse aus dem Topf in eine Schüssel geben und etwas abkühlen lassen.

DANN DAS EI unterrühren. Für den Fall, dass 2 kleinere Eier verarbeitet werden: Erst ein Ei vollständig einarbeiten, bevor das nächste hinzugegeben wird. Dann die passierten Kartoffeln unter die Brandmasse rühren. Entweder mit 2 Teelöffeln Nocken abstechen oder mit Spritztülle und Spritzkrapfenform kleine Stückchen spritzen und sofort in tiefem Fett (Fritteuse) ausbacken.

VARIANTE: *Nach Belieben vor dem Ausbacken z. B. Parmesankäse, Mandeln oder Sesam in die Kartoffelmasse geben.*

Pommes dauphines

Pommes duchesse

(HERZOGINKARTOFFELN)

ZUTATEN *(für 4 Personen)*
750 g Kartoffeln (mehligkochend)
1 Ei (Größe M)
1 Eigelb (Größe M)
20 g weiche Butter
2 EL Milch
Salz, geriebene Muskatnuss

AUSSERDEM:
Fett für das Backblech

Pommes duchesse

(HERZOGINKARTOFFELN)

ZUBEREITUNG

KARTOFFELN schälen, größere Kartoffeln ein- oder zweimal durchschneiden. In einen Topf geben, 1 TL Salz darüber geben, mit Wasser knapp bedecken und zum Kochen bringen. Bei geschlossenem Deckel 20–25 Minuten gar kochen. Abgießen, abdämpfen, sofort durch eine Kartoffelpresse drücken und erkalten lassen.

DAS BACKBLECH fetten und den Backofen auf ca. 200° Ober- und Unterhitze vorheizen.

DIE ERKALTETE KARTOFFELMASSE mit Ei und Butter verrühren und mit Salz und Muskatnuss würzen. Die Masse in einen Spritzbeutel mit großer Sterntülle füllen und in Form von kleinen Tuffs auf das Backblech spritzen. Eigelb mit Milch verschlagen und die Tuffs damit bestreichen. In den Backofen geben und ca. 12 Minuten backen.

TIPP: *Ohne Kartoffelpresse geht es auch: Mit dem Kartoffelstampfer die Kartoffeln zu einer konsistenten Masse zerdrücken.*

ZUTATEN *(für 4 Personen)*
6 gekochte Pellkartoffeln vom Vortag
50 g Speck
1 Zwiebel
70 g Mehl
70 g Kartoffelmehl
1 EL Butterschmalz
Salz, Pfeffer

Pommes macaire

(MACAIREKARTOFFELN)

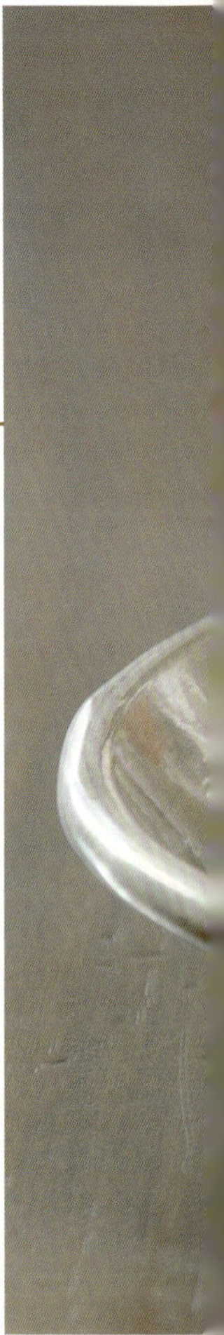

ZUBEREITUNG

DIE GEKOCHTEN KARTOFFELN pellen und durch die Kartoffelpresse drücken. Speck und Zwiebel würfeln und andünsten. Mit den Kartoffeln mischen, die Mehle dazu sieben und alles zu einer festen Masse kneten. Mit Salz und Pfeffer abschmecken.

ZU EINER ROLLE formen und in fingerdicke Scheiben schneiden. In Butterschmalz goldgelb ausbacken.

TIPP: *Wenn die Kartoffelmasse nicht fest genug ist, eventuell ein Eigelb dazugeben.*

VARIANTE: *Wer Speck und Zwiebeln nicht gern mag, kann stattdessen nach Belieben z. B. Kräuter oder Pilze verwenden. Auch durch verschiedene Gewürze lassen sich die Macairekartoffeln in ihrer Geschmacksausrichtung gut variieren.*

Pommes macaire

(MACAIREKARTOFFELN)

Schwäbischer Kartoffelsalat

TIPP: *Bei der Zubereitung dieses Salates nie die Brühe auf einmal hinzugeben – immer erst nach und nach. Dabei unbedingt achtgeben, ob die Kartoffeln die Brühe schon aufgesogen haben.*

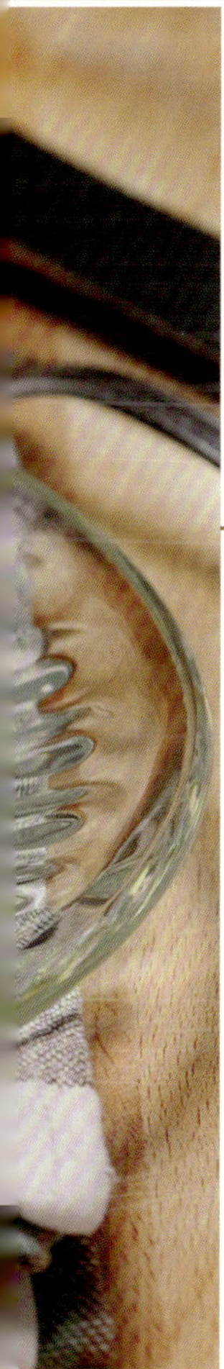

ZUTATEN *(für 4 Personen)*

1 kg Kartoffeln (festkochend)
2 Schalotten bzw. 1 mittelgroße Zwiebel
½ TL scharfer Dijonsenf
1/5– ½ l Brühe
(je nach Aufsaugfähigkeit der Kartoffeln)
5 EL Sonnenblumenöl
3–5 EL Weißweinessig
Salz, frisch gemahlener Pfeffer

Schwäbischer Kartoffelsalat

ZUBEREITUNG

DIE KARTOFFELN 1 Stunde vor dem Servieren des Kartoffelsalats in einen Topf mit stark gesalzenem kalten Wasser geben und gar kochen.

DIE BRÜHE aufsetzen, Senf hinzugeben und einmal aufkochen lassen. Die Zwiebel fein würfeln.

CA. 20 MINUTEN vor dem Verzehr des Salats die Kartoffeln (noch warm) pellen und in sehr feine Scheiben schneiden. Den Kartoffelscheiben sofort die Zwiebelwürfel und immer so viel Brühe zugeben, bis sich die Kartoffelscheiben vollgesogen haben. Würzen und mit Weißweinessig kurz durchziehen lassen. Zwischendurch den Salat wenden. Das Öl vorsichtig unter den Kartoffelsalat heben. Abschmecken und eventuell nachwürzen.

KURZ VOR DEM SERVIEREN den Kartoffelsalat noch einmal mit wenig kochender Brühe vermengen. Der schwäbische Kartoffelsalat sollte immer sehr saftig serviert werden.

Hauptgerichte

Baskischer Kartoffel-Fisch-Eintopf

ZUTATEN *(für 4 Personen)*

400 g Kartoffeln
900 g Thunfisch (oder anderer festfleischiger Fisch)
2 EL Olivenöl
1 große Zwiebel, grob gehackt
2 Knoblauchzehen, fein gehackt
250 g Tomaten aus der Dose, gehackt
1 gelbe Paprikaschote
frische Kräuter nach Belieben (z. B. Petersilie, Kerbel, Basilikum etc.)
300 ml kaltes Wasser
Salz, Pfeffer

Baskischer Kartoffel-Fisch-Eintopf

ZUBEREITUNG

KARTOFFELN schälen und in ca. 5 cm große Würfel schneiden. Paprika putzen, entkernen, waschen und grob würfeln. Den Thunfisch säubern und würfeln (andere Fischsorten ggf. vorher entgräten und häuten).

DAS OLIVENÖL in einem Topf erhitzen und die Zwiebel darin bei mittlerer Hitze andünsten, dabei gelegentlich umrühren. Knoblauch zufügen und kurz mit andünsten. Die Dosentomaten dazugeben, abdecken und bei mittlerer Hitze 30 Minuten köcheln lassen, so dass die Tomatensauce etwas eindickt.

WÄHRENDDESSEN Kartoffeln in einen großen Topf mit Wasser geben (so viel Wasser, dass sie bedeckt sind) und zum Kochen bringen. Paprika dazugeben, die Hitze reduzieren und das Ganze weitere 15 Minuten köcheln lassen. Kartoffeln und Paprika anschließend abgießen, dabei das Kochwasser auffangen.

PAPRIKA und Kartoffeln zur Tomatensauce geben und kräftig durchrühren. Dann die Thunfischwürfel hinzufügen und leicht unterrühren. Mit Salz und Pfeffer abschmecken und 8–10 Minuten leicht kochen lassen, bis der Fisch zart ist. (Eventuell noch etwas vom Kartoffel-Kochwasser hinzugeben, wenn der Fisch in dickere Würfel geschnitten wurde.) Die Kräuter waschen, fein hacken und zum Fischtopf geben. Kurz mitziehen lassen, damit sich ihr Aroma besser entfalten kann.

ZUTATEN *(für 4 Personen)*
1 Bio-Brathuhn
2 kg Kartoffeln (festkochend)
1 ganze Knoblauchknolle
1 unbehandelte Zitrone
Olivenöl
1 Bund frischer Thymian
½ Bund Rosmarin
Meersalz, Pfeffer

Geröstete Rosmarinkartoffeln

MIT ZITRONENHUHN

ZUBEREITUNG

DAS HUHN gründlich waschen, mit Küchenkrepp trocken tupfen und sowohl innen wie außen reichlich mit Salz und Pfeffer einreiben. Den Backofen auf 190° Ober- und Unterhitze vorheizen.

DIE KARTOFFELN schälen, waschen und vierteln. Die ungeschälte Knoblauchknolle in Zehen zerteilen. In einem großen Topf Salzwasser zum Kochen bringen und Kartoffeln, Knoblauchzehen und die Zitrone 10 Minuten darin kochen. Durch ein Sieb abgießen und ausdampfen lassen.

DIE ZITRONE ein paar Mal vorsichtig anstechen. Das Huhn rundherum mit Olivenöl einreiben. Knoblauch, Zitrone und Thymian in das Huhn hineinstopfen. Dann in einen Bräter legen und im Ofen 45 Minuten braten. Das Huhn anschließend herausnehmen und auf einem Teller beiseitestellen.

DIE ROSMARINNADELN abzupfen. Zusammen mit den Kartoffeln im Bratfett des Huhns wenden. Danach das Huhn wieder in die Mitte des Bräters legen und für weitere 45 Minuten in den Backofen geben, bis die Kartoffeln goldbraun sind. Sollte das Huhn vor Ende der Garzeit zu dunkel werden, zwischendurch mit Folie bedecken, diese dann aber wieder abnehmen, damit das Huhn knusprig wird und bleibt.

Geröstete Rosmarinkartoffeln

MIT ZITRONENHUHN

Hachis Parmentier

ZUTATEN *(für 4 Personen)*

1 kg Kartoffeln
300 g Hackfleisch (Rind)
100 g Speckwürfel
1 Zwiebel
1 Ei
3 EL Petersilie
100 ml Milch
100 g Butter
50 g geriebener Käse
Salz, Pfeffer, Muskat

Hachis Parmentier

ZUBEREITUNG

KARTOFFELN SCHÄLEN, waschen, vierteln und in Salzwasser ca. 30 Minuten gar kochen. Die Zwiebel würfeln und in einer Pfanne in etwas Butter anschwitzen. Die Speckwürfel dazugeben. Nach ca. 5 Minuten das Hackfleisch hinzufügen, mit Salz und Pfeffer würzen und ebenfalls anbraten.

WÄHRENDDESSEN die Petersilie waschen, trocken tupfen und klein hacken. Wenn das Hackfleisch durchgebraten ist, zusammen mit den Zwiebel- und Speckwürfeln in eine Schüssel geben und mit dem Ei und der gehackten Petersilie vermengen.

DIE GAR GEKOCHTEN KARTOFFELN abgießen und unter Zugabe der Milch und der restlichen Butter ein Kartoffelpüree zubereiten. Mit Muskatnuss und evtl. Salz und Pfeffer abschmecken.

DIE HÄLFTE DES PÜREES in eine Auflaufform geben und gleichmäßig verteilen. Die Hackfleischmischung darauf verteilen. Dann das restliche Püree darauf schichten, dabei sollte die Hackfleischmischung ganz bedeckt sein. Abschließend den geriebenen Käse (vorzugsweise frischer Parmesan) über den Auflauf streuen und im vorgeheizten Backofen bei 200° Ober- und Unterhitze 15–20 Minuten backen.

INFO: *Als Hachis Parmentier bezeichnet man die französische Zubereitungsweise eines Kartoffel-Hackfleisch-Auflaufs – ein Klassiker, der einfach zuzubereiten ist.*

ZUTATEN *(für 4 Personen)*
400 g Kartoffeln (festkochend)
600 g Kabeljaufilet
200 g Champignons
1 mittelgroße Zwiebel
150 ml Weißwein
300 ml Brühe, 300 ml Sahne
1 Ei, 5 EL Olivenöl
Salz, Pfeffer, 1 EL Mehl
1 EL Petersilie

Kabeljaufilet mit Kartoffelhaube

AN RAHMCHAMPIGNONSAUCE

ZUBEREITUNG

FÜR DIE PILZSAUCE die Pilze abreiben, putzen und blättrig schneiden. Die Zwiebel klein würfeln und in 2 EL Olivenöl anbraten. Die Pilze kurz mitdünsten. Dann Wein und Brühe angießen und köcheln lassen. Nach ca. 5 Minuten die Sahne zugeben und aufkochen. Dann alles pürieren, mit Salz und Pfeffer abschmecken und beiseitestellen.

DAS KABELJAUFILET abbrausen, mit Küchenkrepp trocken tupfen und in 8 Portionen teilen. Danach salzen und pfeffern.

KARTOFFELN schälen, fein raspeln, in einem Küchentuch gut ausdrücken und mit Salz und Pfeffer würzen. Das Ei, die Petersilie und das Mehl untermengen. Die Kartoffelmasse in 8 Portionen teilen. Jeweils eine Portion abteilen, mit der Hand fest zusammen- und auf eines der Fischstücke drücken.

DAS RESTLICHE ÖL in der Pfanne erhitzen und den Fisch auf der mit Kartoffelmasse bedeckten Seite knusprig anbraten. Nur mit mittlerer Hitze arbeiten, sonst ist die Kartoffelkruste außen dunkel und innen roh. Den Fisch wenden und noch ca. 5 Minuten weitergaren. Der Fisch ist dann gar, wenn er strahlend weiß ist.

ZUSAMMEN mit der Rahmchampignonsauce auf Tellern anrichten.

Kabeljaufilet mit Kartoffelhaube

AN RAHMCHAMPIGNONSAUCE

Kartoffel-Bataten-Eintopf

ZUTATEN *(für 4 Personen)*
250 g Kartoffeln
250 g Süßkartoffeln (Bataten)
1 Zwiebel
200 g Lauch
150 g Cabanossi
2 EL Öl
500 ml Gemüsebrühe
100 ml Schlagsahne
1 Lorbeerblatt
4 Stiele Majoran
Salz, Pfeffer

Kartoffel-Bataten-Eintopf

ZUBEREITUNG

KARTOFFELN und Süßkartoffeln schälen und waschen. Die Kartoffeln würfeln, die Süßkartoffeln in Scheiben schneiden. Zwiebel abziehen und würfeln. Lauch putzen, waschen und in Ringe schneiden. Die Cabanossi in Scheiben schneiden. Majoranblätter von den Stielen zupfen und klein schneiden.

ÖL IM TOPF erhitzen. Die Zwiebelwürfel darin glasig dünsten. Die Cabanossi und den Lauch zugeben und kurz mitdünsten. Mit Gemüsebrühe ablöschen, das Lorbeerblatt, Salz und Pfeffer zugeben und alles zugedeckt 15 Minuten dünsten.

DIE SAHNE zugeben und abschmecken. Auf Tellern anrichten und mit Majoran bestreuen.

ZUTATEN *(für 4 Personen)*

1 kg Kartoffeln (festkochend)
750 g Kassler
30 g Butter, 20 g Mehl
150 g Schlagsahne
1 Zwiebel
250 ml Gemüsebrühe
150 g Raclette-Käse
geriebene Muskatnuss
Pfeffer, Fett für die Form

Kartoffelgratin

MIT KASSLER

ZUBEREITUNG

KARTOFFELN gründlich waschen und in reichlich kochendem Wasser ca. 20 Minuten garen.

IN DER ZWISCHENZEIT die Zwiebel abziehen und in feine Ringe schneiden. Kassler in ca. 1 cm dicke Scheiben schneiden. Butter in einem Topf erhitzen, die Zwiebelringe darin andünsten und mit Mehl bestäuben. Sahne und Brühe unter stetigem Rühren angießen und aufkochen. Die Sauce ca. 3 Minuten unter Rühren köcheln lassen. Mit Muskatnuss und Pfeffer würzen.

DIE KARTOFFELN abgießen, unter kaltem Wasser abschrecken und pellen. In Scheiben schneiden und zusammen mit den Kasslerscheiben fächerförmig in eine flache, zuvor gefettete Auflaufform schichten. Die Sauce gleichmäßig darüber gießen und mit Käse belegen.

IM VORGEHEIZTEN BACKOFEN (Ober- u. Unterhitze: 200°, Umluft: 175°, Gas: Stufe 3) 25–30 Minuten überbacken.

Kartoffelgratin

MIT KASSLER

Kartoffel-Lamm-Eintopf

ZUTATEN *(für 6 Personen)*

1,2 kg Lammkeule
(ohne Knochen)
30 g Butterschmalz
5 Zwiebeln
1–2 Knoblauchzehen
30 g Mehl, ¼ l Brühe

700 g Kartoffeln
700 g Tomaten
2 TL Thymian
200 g Crème fraîche
1 Bund Basilikum
Salz, Pfeffer

Kartoffel-Lamm-Eintopf

ZUBEREITUNG

FLEISCH WÜRFELN und im Butterschmalz anbraten. Zwiebeln in Scheiben schneiden, Knoblauch pressen und beides zum Fleisch geben. Mit Salz und Pfeffer würzen und mit Mehl bestäuben. Anschwitzen, dann die Brühe zugießen und zugedeckt knapp eine Stunde schmoren.

DIE KARTOFFELN schälen und in der Länge vierteln. Die Tomaten waschen, entkernen und in Scheiben schneiden. Die Kartoffeln 5 Minuten kochen, dann unter das Fleisch heben. Die Kartoffel-Fleisch-Mischung in eine Auflaufform geben. Mit Tomatenscheiben belegen und mit Salz, Pfeffer und Thymian würzen.

DIE BASILIKUMBLÄTTER von den Stielen zupfen, waschen, trocken tupfen und klein hacken. Mit Crème fraîche, Salz und Pfeffer verrühren und über die Tomaten verteilen. Im vorgeheizten Backofen bei 225° (Ober- und Unterhitze) 40 Minuten offen garen.

TIPP: *Lammfleisch von sehr guter Qualität kauft man am besten in türkischen Lebensmittelläden oder in Metzgereien.*

ZUTATEN *(für 4 Personen)*
300 g TK-Blätterteig
1,5 kg kleine Kartoffeln (festkochend)
300 g durchwachsener Speck
4 Eier, 1 Eiweiß, 1 Eigelb
3 EL Schnittlauch, feine Röllchen
3 EL gehackter Majoran
300 g Crème fraîche
Mehl (für die Arbeitsfläche)
Muskatnuss, gerieben
Paprikapulver, edelsüß
Salz, weißer Pfeffer

ZUM BESTREICHEN:
½ Eigelb
1 EL Milch

Kartoffelpastete mit Speck

ZUBEREITUNG

KARTOFFELN waschen, in einem Topf mit Wasser (Kartoffeln sollen bedeckt sein) zum Kochen bringen und ca. 20–25 Minuten gar kochen. Heiß pellen und erkalten lassen.

KARTOFFELN in Scheiben schneiden und den Speck würfeln. Die Hälfte des Blätterteigs auf einer bemehlten Arbeitsfläche zu einer runden Platte von 28 cm Durchmesser ausrollen. Damit den Boden und die Ränder einer Springform (vorher mit kaltem Wasser abspülen) auskleiden, so dass ein 3 cm hoher Rand entsteht.

KARTOFFELSCHEIBEN, Speckwürfel, Schnittlauch und Majoran abwechselnd auf den Teigboden schichten, dabei die Kartoffelscheiben mit Salz und Pfeffer würzen.

CRÈME FRAÎCHE mit Eiern, Eiweiß und Eigelb verschlagen, mit Salz, Pfeffer, Muskat und Paprikagewürz kräftig würzen und über die geschichteten Zutaten verteilen. Den restlichen Blätterteig in Größe der Tortenoberfläche ausrollen und auf die Füllung legen, dabei etwas andrücken. Eigelb mit Milch verquirlen und auf die Teigoberfläche streichen. Die Teigoberfläche mehrmals mit einer Gabel einstechen.

DIE SPRINGFORM auf den Rost in den Backofen schieben (unterste Schiene). Bei 200–220° Ober- und Unterhitze (Umluft: 180–200°, Gas: Stufe 3–4) eine Stunde backen.

Kartoffelpastete mit Speck

SERVIERTIPP: *Dazu passt ein gemischter Blattsalat mit einer Essig-Öl-Vinaigrette (4 EL Oliavenöl, 1 EL Weinessig, 1 TL mittelscharfer Senf, Salz und Pfeffer) ganz hervorragend. Das Öl immer zum Schluss unter ständigem Rühren einarbeiten.*

Kartoffelpuffer

MIT APFELMUS

ZUTATEN *(für 4 Personen)*

1 kg Kartoffeln, 1 Zwiebel
2–3 Eier (je nach Größe)
1 EL Kartoffelstärke
Butterschmalz
1 Prise Muskatnuss (frisch gerieben)
1 Prise Salz, Pfeffer

FÜR DAS APFELMUS:
8 Äpfel
Wasser
evtl. Zucker

Kartoffelpuffer

MIT APFELMUS

ZUBEREITUNG

FÜR DIE KARTOFFELPUFFER Kartoffeln waschen, schälen, reiben und in eine Schüssel geben. (Dabei eine möglichst feine Reibe verwenden, so bekommen die geriebenen Kartoffeln eine breiige Konsistenz). Die geriebenen Kartoffeln mit der Hand etwas ausdrücken, dann wird die Masse weniger feucht. Zügig weiterarbeiten, damit die Kartoffelmasse in die Pfanne gegeben werden kann, bevor sie sich bräunlich verfärbt. Die geriebene Zwiebel und die Eier zugeben und mit Salz und Pfeffer würzen. Mit Butterschmalz in der Pfanne ausbraten. Auf Küchenkrepp abtropfen lassen, um das überschüssige Fett zu reduzieren. Die Kartoffelpuffer sofort servieren.

FÜR DAS APFELMUS die Äpfel schälen und entkernen. In grobe Stücke schneiden und in einen Topf geben. Wenig Wasser zugeben und bei geschlossenem Deckel kochen. Wenn die Apfelstückchen weich sind, zu Mus verrühren. Nach Belieben mit Zucker nachsüßen.

TIPP: *Kartoffelpuffer lassen sich je nach Geschmack vielfältig variieren, indem man die Hälfte der Kartoffelmenge durch ein anderes Gemüse wie z. B. Karotten, Kürbis, Zucchini etc. ersetzt.*

ZUTATEN *(für 4 Personen)*
400 g frisches Lachsfilet
½ kleine Gurke
2 kleine säuerliche Äpfel
1 EL gehackter Dill
Salz, Pfeffer
1 Spritzer Zitronensaft
2 EL Joghurt, 1 EL Senf
½ EL Honig
1 EL Traubenkernöl

FÜR DIE RÖSTI:
4 mittelgroße Kartoffeln
Salz, Muskat, Pfeffer, Butterschmalz
1–2 EL Speisestärke

FÜR DEN DIP:
100 g Vollmilchjoghurt
100 g Magerquark
3 TL geriebener Ingwer
1–2 TL Wasabi, Salz, Zucker
2 EL glatte Petersilie oder Koriander

Kartoffelrösti

MIT LACHSBURGER & WASABI-DIP

ZUBEREITUNG

DAS LACHSFILET waschen und von der Haut befreien. Mit einem scharfen Messer das Filet fein hacken. In eine Schüssel geben und kalt stellen.

DIE GURKE waschen, schälen, mit einem Teelöffel entkernen und fein würfeln. Die Äpfel waschen, schälen, entkernen und ebenfalls fein würfeln. Beides mit dem Lachs mischen. Salzen, pfeffern und einen Spritzer Zitronensaft zugeben. Joghurt, Senf und Honig unter die Lachsmasse ziehen. Dill fein hacken und zum Lachs geben.
Die Lachsmischung zu 8 gleich großen Kugeln formen und flach drücken. In einer beschichteten Pfanne das Traubenkernöl erhitzen und den Lachstatar von beiden Seiten braten.

FÜR DIE RÖSTI die Kartoffeln schälen, waschen, mit einer Küchenreibe reiben und würzen. Die Speisestärke hineingeben (für eine festere Konsistenz). Butterschmalz in einer beschichteten Pfanne erhitzen. Die Kartoffelmasse in 4 gleich große Portionsscheiben formen und in der Pfanne goldgelb braten.

FÜR DEN DIP Joghurt, Magerquark, Ingwer und Wasabi cremig rühren. Mit Salz und Pfeffer abschmecken. Die Petersilie bzw. den Koriander unterheben.

WIE EINEN BURGER anrichten und servieren.

Kartoffelrösti

MIT LACHSBURGER & WASABI-DIP

INFO: *Wasabi ist ein scharfer japanischer Meerrettich. Echter Wasabi ist deutlich schärfer als europäischer Meerrettich.*

Kartoffel-Spinat-Auflauf

ZUTATEN *(für 4 Personen)*
1 kg Feldspinat
10 neue Kartoffeln (festkochend)
4 Knoblauchzehen
2 Eier
200 ml süße Sahne
200 ml Milch
150 g Parmesan, frisch gerieben
Muskatnuss, frisch gerieben
Olivenöl, Salz

Kartoffel-Spinat-Auflauf

ZUBEREITUNG

SPINAT von groben Strünken befreien, gründlich waschen und trocken schleudern. Kartoffeln schälen, waschen und in Scheiben schneiden. Eine ovale Auflaufform mit Olivenöl ausstreichen. Die Knoblauchzehen abziehen, ausdrücken und gleichmäßig in der Auflaufform verteilen.

IN EINEM TOPF Olivenöl erhitzen. Den Spinat darin andünsten und mit Salz würzen. Anschließend Kartoffeln und Spinat abwechselnd in die Auflaufform schichten, mit einer Spinatschicht abschließen. Dann mit einer Prise geriebener Muskatnuss und Salz vorsichtig würzen.

AUS DEN EIERN, Sahne, Milch, einer Zwei-Drittel-Menge vom geriebenen Parmesan und einer Prise Muskatnuss eine geschmeidige Masse rühren. Die Mischung über die geschichtete Kartoffel-Spinat-Masse gießen. Sie muss vollständig mit Flüssigkeit bedeckt sein. Den restlichen Parmesan darüber streuen und etwas Olivenöl darüber träufeln. Den Auflauf für 40 Minuten in den 180° (Umluft) heißen Backofen geben. Sollte die Käsekruste vor Ende der Garzeit eine zu intensive Bräunung annehmen, den Auflauf mit Alufolie bedecken.

VARIANTE: *Um das Geschmackserlebnis zu erweitern, kann man diesen Auflauf zusätzlich mit Lachs oder gebratenem Hackfleisch zubereiten.*

Kartoffel-

ZUTATEN
(für 2 Personen)
400 g Kartoffeln
225 g Wirsingblätter (ohne Strunk)
4 Eier
½ Bund Petersilie, gehackt
1 mittlere Zwiebel, fein gewürfelt
Butterschmalz
1 Knoblauchzehe, fein gewürfelt
1 EL Mehl
Salz, Pfeffer
evtl. geriebene Muskatnuss

FÜR DAS EI:
2 Eier
hitzebeständige Frischhaltefolie
Küchengarn
Öl

Wirsing-Bratlinge

MIT POCHIERTEM EI

Kartoffel-

ZUBEREITUNG

KARTOFFELN schälen, waschen, vierteln und in Salzwasser ca. 20 Minuten garen. Währenddessen Zwiebel und Knoblauch in etwas Butterschmalz dünsten. Dann 2–3 EL der gehackten Petersilie zugeben und beiseitestellen.

DIE KARTOFFELN abgießen und durch eine Kartoffelpresse drücken.
Die Wirsingblätter in fingerdicke Streifen schneiden und in Salzwasser ca. 2–3 Minuten blanchieren. Den Wirsing in ein Sieb geben und kalt abschrecken.

Wirsing-Bratlinge

MIT POCHIERTEM EI

DIE LEICHT ABGEKÜHLTEN Wirsingblätter mit beiden Händen gut ausdrücken. Die Petersilien-Zwiebel-Knoblauch-Mischung zu den Kartoffeln geben und zusammen mit dem Wirsing kurz zu einem Teig vermischen. Zuvor gut salzen und pfeffern, nach Belieben Muskatnuss dazugeben. Aus dem Teig Frikadellen formen und in Butterschmalz goldbraun braten.

2 TASSEN mit Frischhaltefolie (je 30 x 30 cm) auslegen. Folie dünn mit Öl bestreichen. In jede Tasse ein aufgeschlagenes Ei geben. Die Folien jeweils zu Beuteln drehen, dabei darauf achten, dass möglichst wenig Luft hineingerät. Beutel mit Küchengarn so zusammenbinden, dass das Garn zwischen den Folienbeuteln ca. 20 cm lang ist.

FÜR DAS POCHIERTE EI Wasser in einem großen Topf aufkochen, die Eierbeutel über einem Kochlöffelstiel so ins Wasser hängen, dass sie nicht den Topfboden berühren. Bei milder Hitze 5–6 Minuten gar ziehen lassen. Die Eier aus den Folienbeuteln herausnehmen, auf die Bratlinge setzen und mit Salz und Pfeffer würzen.

INFO: *Bitte unbedingt darauf achten, dass die Frischhaltefolie hitzebeständig ist. Im Handel erhältlich ist eine Frischhaltefolie für das Frischhalten von Lebensmitteln und für die Mikrowelle.*

ZUTATEN *(für 4 Personen)*

700 g Rinderschulter (oder -nacken)
500 g Kartoffeln (festkochend)
2 Zwiebeln
1 Chilischote
2 EL Öl, 1 TL brauner Zucker
400 ml Kokosmilch
½ Bio-Limette

FÜR DIE CURRYPASTE:
4 Knoblauchzehen
1 Bund Koriandergrün
1 Stück (2 cm) frischer Ingwer
2 Chilischoten
2 TL Kreuzkümmel, gemahlen
1 TL Kurkuma, Salz

Rindercurry

MIT ERDÄPFELN

ZUBEREITUNG

FÜR DIE CURRYPASTE Knoblauch schälen und grob hacken. Koriander abbrausen und trocken schütteln. Blätter abzupfen, ein paar für die Garnitur zurücklegen, die restlichen Blätter hacken. Den Ingwer schälen und ebenfalls hacken. 2 Chilischoten waschen, entstielen und samt Kernen grob hacken. Alle Zutaten im Blitzhacker fein zerkleinern. Kreuzkümmel, Kurkuma und Salz unterrühren.

ZWIEBELN SCHÄLEN und fein würfeln. Die dritte Chilischote waschen, entstielen und in Ringe schneiden. Das Fleisch in ca. 2 cm dicke Würfel schneiden, dabei Fettstücke und Sehnen entfernen.

DAS ÖL in einem Schmortopf erhitzen. Zwiebelwürfel und Chiliringe darin andünsten. Den Zucker darüber streuen und schmelzen lassen. Die Currypaste unterrühren und kurz andünsten, dann die Kokosmilch und 50 ml Wasser dazugeben und verrühren. Das Fleisch dazugeben. Die Temperatur reduzieren und auf niedriger Stufe das Fleisch ca. 1,5 Stunden weich schmoren, dabei ab und an umrühren.

KARTOFFELN schälen, waschen und ebenfalls in ca. 2 cm große Würfel schneiden. Unter das Fleisch mischen und weitere 20–30 Minuten schmoren, bis auch die Kartoffeln weich sind. Dabei bei Bedarf noch etwas Wasser zugeben.

DIE LIMETTE heiß abwaschen und die Schale fein abreiben. Das Rindercurry mit Salz abschmecken und mit dem Limonenabrieb und dem restlichen Koriander garnieren.

Rindercurry

MIT ERDÄPFELN

TIPP: *Die exotischen Gewürze, die in diesem Gericht Verwendung finden, kann man sehr gut in Asia-Läden kaufen.*

Röstipfanne

MIT SCHINKEN & KÄSE

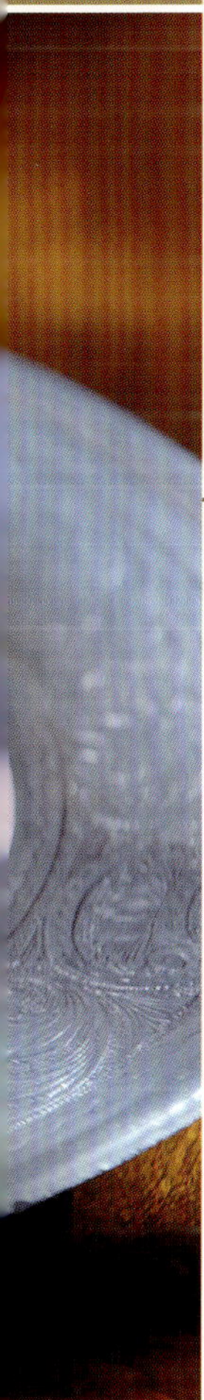

ZUTATEN *(für 2 Personen)*
500 g Kartoffeln (vorw. festkochend)
50 g magere Schinkenwürfel
4 Eier (Größe M)
1 mittelgroße Zwiebel
50 g geriebener Emmentaler
2 EL Öl
Salz, schwarzer Pfeffer
½ Bund Schnittlauch

Röstipfanne

MIT SCHINKEN & KÄSE

ZUBEREITUNG

DIE ZWIEBEL abziehen und fein würfeln. Die Eier verquirlen und mit Salz würzen. Kartoffeln schälen, waschen und in Stifte hobeln oder grob raspeln.

ÖL IN EINER PFANNE erhitzen. Die Schinken- und Zwiebelwürfel kurz darin anbraten. Kartoffeln zugeben, unter Wenden 1–2 Minuten braten und mit Pfeffer würzen. Zu einem Röstitaler zusammenschieben. Den Emmentaler darüber streuen und mit den Eiern übergießen. Zugedeckt bei schwacher Hitze 6–8 Minuten braten lassen. Wenn die untere Seite gebräunt ist und das Ei gestockt hat, den Rösti mit Hilfe eines flachen Pfannendeckels wenden. Wieder in die Pfanne gleiten lassen und weitere 4–5 Minuten braten.

DEN SCHNITTLAUCH waschen, mit Küchenkrepp trocken tupfen und in Röllchen schneiden. Die Röstipfanne damit bestreuen.

Schnupper-Rezept

Schaschlikspieße
VOM WILDSCHWEIN

ZUTATEN *(für 4 Personen)*
1 kg Wildschweinrücken
500 ml Weinessig
5 Zwiebeln
Knoblauchzehen
(Menge nach Belieben)
1 Bund Schnittlauch
2 Tomaten
2 Paprikaschoten
(Sorte nach Belieben)
Salz, Pfeffer

Leckere
Wild-Rezepte
104 Seiten, Spiralbindung
€ 9,95
ISBN: 978-3-7843-5091-2

ZUBEREITUNG

ZWIEBEL ABZIEHEN und fein würfeln. Schnittlauch waschen, trocken tupfen und in Röllchen schneiden. Beides zusammen in einen Topf geben, mit Essig übergießen, salzen und pfeffern.

DAS FLEISCH WASCHEN und trocken tupfen. Dann in mundgerechte Stücke schneiden und in die Essig-Marinade geben. Das Ganze gut vermischen und 12 Stunden im Kühlschrank ziehen lassen.

TOMATEN UND PAPRIKA WASCHEN, entkernen und in mundgerechte Stücke schneiden. Diese dann im Wechsel mit den Fleischstückchen auf Spieße stecken. Auf einem Holzofengrill 10–15 Minuten grillen, dabei des Öfteren wenden.

TIPP: *Wenn man Holzspieße verwendet, sollte man sie vorher für eine halbe Stunde ins Wasser legen. Dann verbrennen sie beim Grillen nicht so sehr.*

... und 31 weiter

Schaschlikspieße

VOM WILDSCHWEIN

kulinarische Ideen der „Leckere ...“-Erfolgsreihe.

Schnupper-Rezept

Cremiges Hackfleischrisotto

ZUTATEN *(für 4 Personen)*

4 Tassen Vollkornreis
12 Tassen Rinderbrühe
500 g Rinderhackfleisch
2 große Zwiebeln
1 Dose Erbsen
1 Dose Mais
Saft von 1 Zitrone
50 ml Sahne
Öl, Salz, Pfeffer

ZUBEREITUNG

DEN REIS in heißem Öl gut anrösten und mit der Rindsbrühe ablöschen. Kurz aufkochen lassen und dann bei geringer Hitze so lange köcheln lassen, bis er gar ist. Eventuell nochmals Brühe nachgießen.

PARALLEL in einer Pfanne die gewürfelten Zwiebeln glasig dünsten. Das Hackfleisch hinzugeben und mit Salz und viel Pfeffer würzen. Dann das gebratene Hackfleisch unter den Reis heben. Die Erbsen und den Mais abtropfen lassen und hinzufügen. Das Risotto für weitere 5 Minuten ziehen lassen und zum Schluss mit Zitronensaft abschmecken.

KURZ VOR DEM SERVIEREN die Sahne unterrühren. So wird das Risotto cremig.

Leckere Hackfleisch-Rezepte
96 Seiten, Spiralbindung
€ 9,95
ISBN: 978-3-7843-5090-5

… und 38 weitere abwech

Cremiges Hackfleischrisotto

ungsreiche Ideen der „Leckere …"-Erfolgsreihe.

Die „Leckere ..." Erfolgsreihe

Wahre Schoko-Sünden!

Grandiose Schokoladen-Rezepte auf einen Blick: teuflische Torten, sündige Desserts und verführerisches Konfekt. Schnell zubereitete Schmankerl sind genauso vertreten wie üppige Schoko-Bomben.

Leckere Schokoladen-Sünden
96 Seiten,
Spiralbindung
€ 9,95
ISBN: 978-3-7843-5076-9

Dieses tolle Tortenbuch mausert sich zum echten Küchenklassiker. Nussbiskuittorte, Tiramisu-, Himbeer-Sahnetorte, u. v. m. begeistern Hobbybäckerinnen und -bäcker!

Leckere Torten-Träume
96 Seiten,
Spiralbindung
€ 9,95
ISBN: 978-3-7843-5025-7

Diese Torten sehen nicht nur imposant aus – sie sind es auch! Sahne, Marzipan, Schmand und Früchte wechseln sich mit lockeren Biskuitböden ab und machen besondere Anlässe noch schöner.

Leckere Festtags-Torten
104 Seiten,
Spiralbindung
€ 9,95
ISBN: 978-3-7843-5092-9

Dieses Buch beinhaltet die besten Rezepte für abwechslungsreiche Spargel-Gerichte. Eine praktische Sammlung, die während der Spargelsaison in keiner Küche fehlen darf!

Leckere Spargel-Rezepte
96 Seiten,
Spiralbindung
€ 9,95
ISBN: 978-3-7843-5093-6

Neben klassischen Gerichten wie Flammkuchen oder Schinkenpfannkuchen enthält das Buch auch außergewöhnliche, aber leicht nachzubackende Rezepte wie Spargelkuchen oder Stielmus-Quiche.

Leckere Herzhafte Kuchen
96 Seiten,
Spiralbindung
€ 9,95
ISBN: 978-3-7843-5044-8

Diese leckeren Kuchen- und Gebäckideen wie Tiramisu, Quarktörtchen und vieles mehr ergeben einfache, feine Desserts. So manches Rezept lässt sich selbstverständlich auch vielseitig für die Kaffeetafel verwenden.

Leckere Kuchen-Desserts
96 Seiten,
Spiralbindung
€ 9,95
ISBN: 978-3-7843-5035-6

Frühlingszeit ist Spargelzeit!

Dieses Buch beinhaltet die besten Rezepte für abwechslungsreiche Spargel-Gerichte. Eine praktische Sammlung, die während der Spargelsaison in keiner Küche fehlen darf!

Leckere Spargel-Rezepte
96 Seiten,
Spiralbindung
€ 9,95
ISBN: 978-3-7843-5073-8

Landwirtschaftsverlag GmbH
Münster-Hiltrup

Wir lieben das Landleben.

... bietet tolle Rezepte zu den verschiedensten Themen. Keine überladenen Ideen, sondern einfache, kreative Gerichte. Die praktische Spiralbindung ist perfekt für den Küchenalltag.

Die besten Salate

Salate für jede Gelegenheit: Sie finden Variationen mit verschiedenen Gemüsesorten und Blattsalaten, Kreationen mit Fisch oder Fleisch und verschiedene Fruchtsalate.

Leckere Salat-Genüsse
96 Seiten, Spiralbindung
€ 9,95
ISBN: 978-3-7843-5075-2

Unverzichtbar, beliebt, kultverdächtig: Entdecken Sie neue Nudelsalat-Ideen: Knoblauch-Speck-Nudelsalat, sommerlicher Pasta-Salat, schneller Pesto-Nudelsalat und viele mehr. Köstlich!

Leckere Nudel-Salate
96 Seiten, Spiralbindung
€ 9,95
ISBN: 978-3-7843-5080-6

Suppen, die echte Allrounder sind: leicht, fein und schmackhaft, sowohl in der wärmeren Jahreszeit als auch in kalten Tagen: Cremesüppchen, klare Suppen und fruchtige Kaltschalen.

Leckere feine Suppen
96 Seiten, Spiralbindung
€ 9,95
ISBN: 978-3-7843-5074-5

In tollen Aufläufen, Suppen, Salaten, Pfannengerichten, Teigwaren und vielem mehr wird die Kartoffel mit verschiedensten Gemüsesorten, Saucen, Fleisch und Fisch kombiniert.

Leckere Kartoffel-Rezepte
96 Seiten, Spiralbindung
€ 9,95
ISBN: 978-3-7843-5105-6

Neben Altbewährtem eine schmackhafte Auswahl vieler toller, schneller und kreativer Rezeptideen für den Klassiker auf dem schnellen und günstigen Familienspeiseplan.

Leckere Hackfleisch-Rezepte
96 Seiten, Spiralbindung
€ 9,95
ISBN: 978-3-7843-5090-5

Abwechslungsreiche Wild-Küvhe für Einsteiger und Kenner: Hirschgulasch, Rehkeule oder Wildschweinbraten, kombibiert mit leckeren Saucen, Füllungen und Beilagen.

Leckere Wild-Rezepte
104 Seiten, Spiralbindung
€ 9,95
ISBN: 978-3-7843-5091-2

Erhältlich in jeder Buchhandlung oder unter www.buchweltshop.de

LV·Buch im Landwirtschaftsverlag GmbH · 48084 Münster

LV·Buch im
Landwirtschaftsverlag GmbH,
48084 Münster

© Landwirtschaftsverlag GmbH,
Münster, 2010

Impressum

DAS WERK einschließlich aller seiner Teile ist urheberrechtlich geschützt. Jede Verwertung außerhalb der engen Grenzen des Urheberrechtsgesetzes ist ohne Zustimmung des Verlages unzulässig und strafbar. Das gilt insbesondere für Vervielfältigungen, Übersetzungen und die Einspeicherung und Verarbeitung in elektronischen Systemen.

FOTOS:
Merle Cramer, Münster

LEKTORAT:
Sabine Deing-Westphal, Rhede

GESTALTUNG:
Monika Wagenhäuser, LV·Buch

DRUCK:
LV.Druck GmbH & Co. KG, Münster

ISBN 978-3-7843-5105-6

Tu entorno de aprendizaje **Savia**digital

(www.smsaviadigital.com)
Tu sitio en la web para aprender y divertirte.

Ponte a punto

Actividades iniciales para recordar lo que ya sabes y prepararte para seguir aprendiendo.

Practica

Karaokes, karaogramas y musicogramas. Así, todo lo que aprendas no se te olvidará.

Karaograma

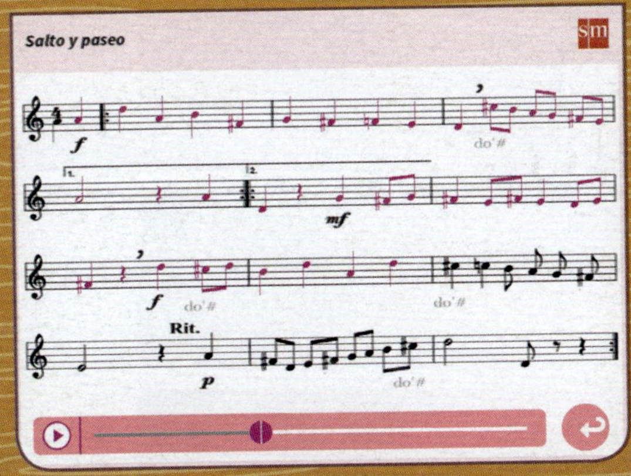

Valora lo aprendido

Actividades finales con las que comprobarás todo lo que has aprendido.

Entrar en Saviadigital **es fácil:**

1. Escribe en internet la siguiente dirección: smsaviadigital.com
2. Regístrate. Anota y recuerda tu usuario y contraseña.
3. Introduce el número de licencia que encontrarás nada más abrir tu libro.

Índice 5.º EP

		Música y cultura		Audición	Lenguaje musical
1	 **Cantamos juntos** 6	Agrupaciones vocales 7	Las voces de un coro 8	*Oh, tierra, mi tierra,* de Lev Knipper 9	Los matices de intensidad La anacrusa 10
DANZA 1 The Indian Queen **16-17**					
2	 **Pequeños grupos, grandes músicas** 18	La música de cámara 19	Los quintetos de cuerda 20	*Quinteto de cuerda n.º 17. Minueto,* de Luigi Boccherini 21	La distancia entre las notas: tonos y semitonos El sostenido 22
FUNCIÓN DE NAVIDAD Navidad en la casa del terror **28-29**					
3	 **Muchos músicos, mucha música** 30	Las orquestas 31	Los músicos de la orquesta sinfónica 32	"Pizzicato", del *ballet Sylvia,* de Leo Delibes 33	El silencio de corchea El becuadro 34
DANZA 2 El Candil (Extremadura) **40-41**					
4	 **Música al aire libre** 42	Las bandas de música 43	Las baterías de samba 44	*Batucada feijoada,* de Vladimir Cosma 45	El contratiempo *Crescendo* y *diminuendo* 46
5	 **Música con enchufes** 52	Los instrumentos electrófonos Grupos musicales 53	Música afrocaribeña: la orquesta de salsa 54	*TAKA TAKA TA,* de Al Verlane. Grupo Irakere 55	Expresividad: *tempo* y carácter Clave de fa 56
DANZA 3 ¡Oh, Susana! (Estados Unidos) **62-63**					
6	 **Grupos musicales diferentes** 64	Agrupaciones musicales de otras culturas 65	*Steel-band:* banda de bidones 66	*Hakuna matata,* de Elton John 67	Musijuego 68
FUNCIÓN DE FIN DE CURSO El club de los Resuelvemisterios **74-75**					
ANEXO Los instrumentos musicales **76-79**					

W0238837

Savia

música

sm

5 primaria

Tu entorno de aprendizaje **Savia**digital

(www.smsaviadigital.com)
Tu sitio en la web para aprender y divertirte.

Ponte a punto

Actividades iniciales para recordar lo que ya sabes y prepararte para seguir aprendiendo.

Practica

Karaokes, karaogramas y musicogramas. Así, todo lo que aprendas no se te olvidará.

Karaograma

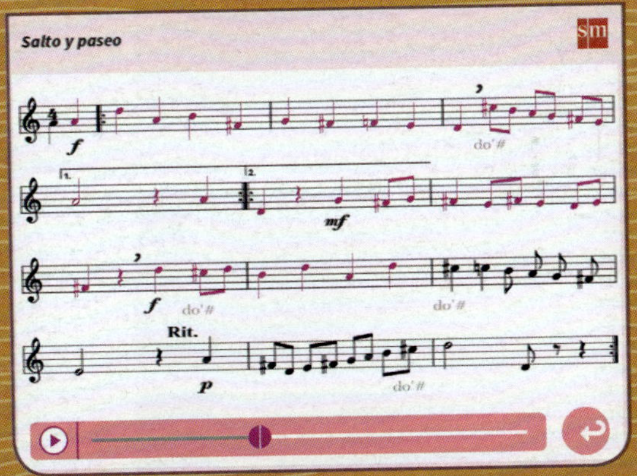

Valora lo aprendido

Actividades finales con las que comprobarás todo lo que has aprendido.

Entrar en **Savia**digital es fácil:

1. Escribe en internet la siguiente dirección: smsaviadigital.com
2. Regístrate. Anota y recuerda tu usuario y contraseña.
3. Introduce el número de licencia que encontrarás nada más abrir tu libro.

Índice 5.º EP

		Música y cultura		Audición	Lenguaje musical
1	**Cantamos juntos**  6	Agrupaciones vocales 7	Las voces de un coro 8	*Oh, tierra, mi tierra,* de Lev Knipper 9	Los matices de intensidad La anacrusa 10
DANZA 1 The Indian Queen **16-17**					
2	**Pequeños grupos, grandes músicas**  18	La música de cámara 19	Los quintetos de cuerda 20	*Quinteto de cuerda n.º 17. Minueto,* de Luigi Boccherini 21	La distancia entre las notas: tonos y semitonos El sostenido 22
FUNCIÓN DE NAVIDAD Navidad en la casa del terror **28-29**					
3	**Muchos músicos, mucha música**  30	Las orquestas 31	Los músicos de la orquesta sinfónica 32	"Pizzicato", del *ballet Sylvia,* de Leo Delibes 33	El silencio de corchea El becuadro 34
DANZA 2 El Candil (Extremadura) **40-41**					
4	**Música al aire libre**  42	Las bandas de música 43	Las baterías de samba 44	*Batucada feijoada,* de Vladimir Cosma 45	El contratiempo *Crescendo* y *diminuendo* 46
5	**Música con enchufes**  52	Los instrumentos electrófonos Grupos musicales 53	Música afrocaribeña: la orquesta de salsa 54	*TAKA TAKA TA,* de Al Verlane. Grupo Irakere 55	Expresividad: *tempo* y carácter Clave de fa 56
DANZA 3 ¡Oh, Susana! (Estados Unidos) **62-63**					
6	**Grupos musicales diferentes**  64	Agrupaciones musicales de otras culturas 65	*Steel-band:* banda de bidones 66	*Hakuna matata,* de Elton John 67	Musijuego 68
FUNCIÓN DE FIN DE CURSO El club de los Resuelvemisterios **74-75**					
ANEXO Los instrumentos musicales **76-79**					

Canción	Flauta	Interpretación musical	Actividades	Taller de música
Cantar contigo 11	*Alegre otoño* 12	*Decoro con mi coro* 13	Tipos de voces Tipos de coros Matices de intensidad 14	Construimos un mirlitón 15
¿Música de cámara? ¡Qué desconcierto! 23	*Sol y nieve* 24	*Bocado de Boccherini* 25	Música de cámara Tipos de agrupaciones Sostenido 26	Música de cámara con globos 27
La Orquesta Menestra 35	*Salto y paseo* 36	Una orquesta con mucha mano 37	Tipos de orquesta Becuadro 38	Investigamos las familias orquestales 39
¡Mi banda no anda! 47	*Sosteniendo el sol* 48	*Sam, va trucada* 49	Tipos de bandas Familias de instrumentos Reguladores de intensidad 50	Montamos una banda de viento-plástico 51
“A-rock” a la cubana 57	*Zorongo en puzle* 58	*Zorongo: tema con variaciones* 59	Instrumentos electrófonos *Tempo* 60	Investigamos sobre un grupo musical 61
¡Cuánta agrupación! 69	*Rondó* 70	Somos compositores digitales 71	Agrupaciones musicales Rondó Tonos y semitonos 72	Fábrica de música: nos convertimos en compositores 73

1 Cantamos juntos

Escuchamos y hablamos

En todo el mundo, las personas se reúnen y cantan para divertirse o para expresar emociones. Se canta en grupo en fiestas populares y familiares o en estadios deportivos. También hay personas que se reúnen en coros solo para cantar y disfrutar de la música juntos.

Escucha estas canciones. ¿Cuáles corresponden a coros?

Explica qué muestra la fotografía. ¿En qué actos o celebraciones has cantado en grupo alguna vez?

Música y cultura. Agrupaciones vocales

Las **agrupaciones vocales** son conjuntos de personas que se reúnen para cantar. También se llaman coros o corales y se pueden clasificar de varias formas.

¿Quién canta?

- Hay coros formados solo por niños, solo por mujeres o solo por hombres. Se llaman **coros de voces iguales**.
- Los más frecuentes son los **coros mixtos**, que están formados por voces femeninas y masculinas.

¿Cuántas personas cantan?

Las agrupaciones vocales pueden tener desde 4 cantantes hasta más de 100.

- Las que tienen entre 10 y 20 voces se llaman **coros de cámara**.
- Si tienen más de 20 voces, se conocen como **coros sinfónicos** o **corales**.

¿Con instrumentos o sin ellos?

- Algunos coros se acompañan con orquestas o con grupos de instrumentos.
- Cuando un coro canta sin acompañamiento se llama **coro a capela**. Esta expresión viene del italiano y significa “como en la capilla”, porque, antiguamente, en las iglesias no se permitía interpretar música con instrumentos.

Muchos tipos de voces

Los coros se forman con las **voces agudas** de soprano, *mezzosoprano* y contralto, y con las **voces graves** de tenor, barítono y bajo.

Escucha e identifica cada uno de estos coros.

- ¿En qué fotografía de esta página observas un coro con instrumentos?

Música y cultura. **Las voces de un coro**

Los **coros** están formados por distintos tipos de voces que se agrupan.

Escucha y aprende cómo suena cada grupo de voces.

sm**Savia**digital.com
PONTE A PUNTO Aprende a distinguir las voces de un coro.

Audición. *Oh, tierra, mi tierra,* de Lev Knipper

Coloca una hoja de papel sobre esta página, de modo que se vea solo la casilla 1. Escucha con atención. Mueve el papel hacia la derecha cada vez que empiece una nueva parte de la canción.

¿Sabías que...?

Esta canción es una versión de una canción popular rusa. La música popular es la base que muchos compositores usan para sus grandes obras.

smSaviadigital.com
PRACTICA Aprende a sentir la música con el **musicograma**.

Lenguaje musical. **Los matices de intensidad. La anacrusa**

▶ En una partitura, la intensidad del sonido se indica con expresiones italianas. Son estas:

Indicación	***pp***	***p***	***mp***
Expresión italiana	*Pianissimo*	*Piano*	*Mezzopiano*
Significado	Muy suave	Suave	Medio suave

Indicación	***mf***	***f***	***ff***
Expresión italiana	*Mezzoforte*	*Forte*	*Fortissimo*
Significado	Medio fuerte	Fuerte	Muy fuerte

▶ Una música que empieza antes de la primera barra del compás comienza antes del primer acento. Decimos que empieza con **anacrusa**, como en estos ejemplos:

1. Interpreta este fragmento. Debes respetar las indicaciones de intensidad.

2. Lee estas notas despacio, en voz alta. Al hacerlo, mantén el pulso y sigue la indicación de intensidad.

Canción. *Cantar contigo*

Escucha y aprende esta canción.

PISTA 1

Yo quiero cantar contigo
y quiero con más amigos.
Que yo te lo digo:
que quiero mezclar sonidos y sonidos y sonidos.

3 Canta la canción con ayuda de la partitura.

¡Ten en cuenta!

Aunque te parezca lo contrario, te resultará más fácil cantar tu parte si no elevas la intensidad de tu voz. Intenta cantar ***mp***.

smSaviadigital.com
PRACTICA Juega y aprende con el **karaoke**.

Flauta. *Alegre otoño*

¡Ten en cuenta!

Practica el vibrato en las notas más largas. Debes terminar con la misma afinación con la que empezaste.

Interpreta esta melodía. No olvides tomar aire en las partes indicadas.

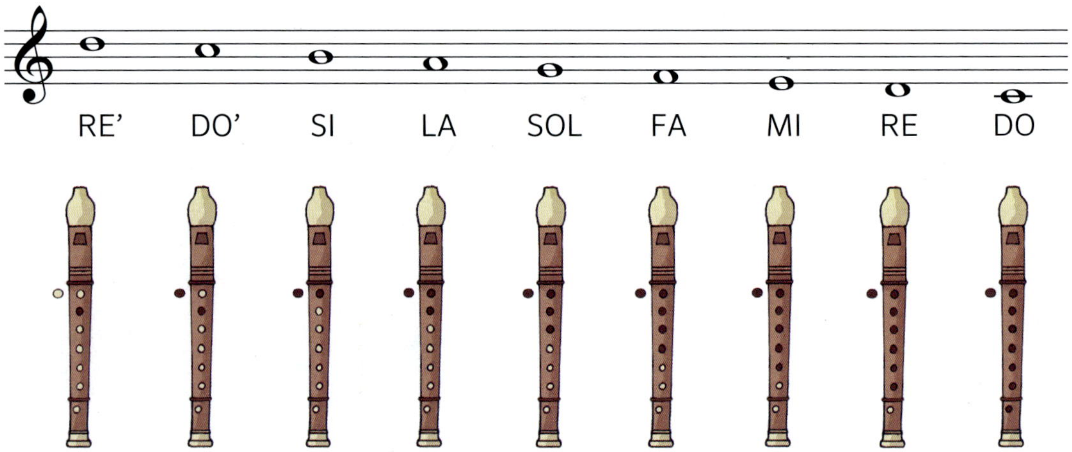

smSaviadigital.com
PRACTICA Aprende a tocar esta canción con el **karaograma**.

Interpretación musical. *Decoro con mi coro*

4 En grupo, inventa diferentes sonidos con la voz para cada elemento de esta imagen. Decide con tus compañeros qué sonido interpreta cada uno en esta partitura especial.

Ejemplos de sonidos

- Luuuuu
- Tstststs
- Biribiribiribiri
- ...

5 Crea con tus compañeros un mural con una nueva partitura vocal. Después interprétala en grupo.

Actividades

1. Ordena en tu cuaderno estas voces, desde la más aguda hasta la más grave:

BARÍTONO CONTRALTO

BAJO *MEZZOSOPRANO*

TENOR SOPRANO

2. ¿Qué frase define un **coro mixto**? Escríbela en tu cuaderno.

a) Está formado solo por niños y niñas.

b) Está formado por voces agudas y voces graves.

c) Está formado por cuatro cantantes.

3. ¿Qué tipo de coro aparece en esta fotografía? Responde en tu cuaderno.

4. Cuando un coro canta sin acompañamiento instrumental se llama:

a) Coro de cámara.

b) Coro de voces iguales.

c) Coro a capela.

Escribe la respuesta correcta en tu cuaderno.

5. Explica en tu cuaderno cómo haces el vibrato con la flauta.

6. Copia y completa en tu cuaderno esta tabla de matices de intensidad.

Indicación	Expresión italiana	Significado
●●●	*Pianissimo*	Muy suave
p	●●●	Suave
●●●	*Mezzopiano*	●●●
mf	●●●	Medio fuerte
●●●	*Forte*	●●●
ff	●●●	●●●

7. Escribe en tu cuaderno los nombres de estas notas en el mismo orden en el que aparecen aquí.

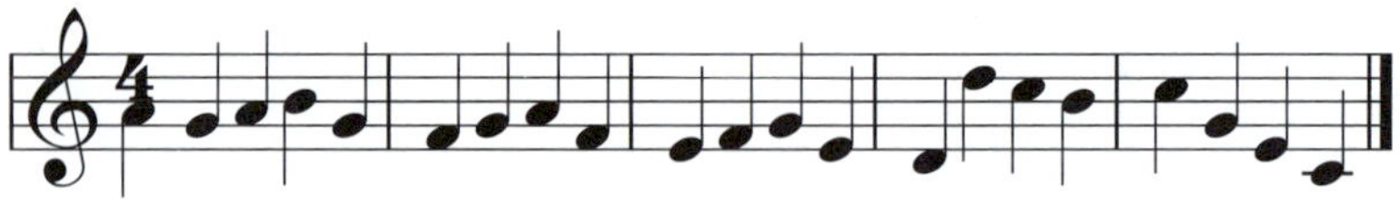

8. Copia esta definición en tu cuaderno y complétala con las palabras que faltan.

Decimos que una música empieza con ●●● cuando comienza antes de la ●●● barra del compás, es decir, antes del primer ●●●.

smSaviadigital.com

VALORA LO APRENDIDO Comprueba lo que has aprendido en la **autoevaluación**.

Taller de música

Construimos un mirlitón

Vamos a construir un mirlitón o pito de carnaval. Con él formaremos un coro.

Construimos nuestro mirlitón

PASO 1 Limpia y seca la botellita de yogur. Con las tijeras, abre un agujero pequeño en medio del tubo y recorta el fondo.

PASO 2 Dibuja y recorta un círculo de papel de celofán 2 cm más grande que el diámetro de la boca de la botella.

PASO 3 Coloca el celofán sobre la boca de la botellita y sujétalo con la goma elástica. Da vueltas a la goma para que el papel quede tenso. Recorta el celofán que sobra.

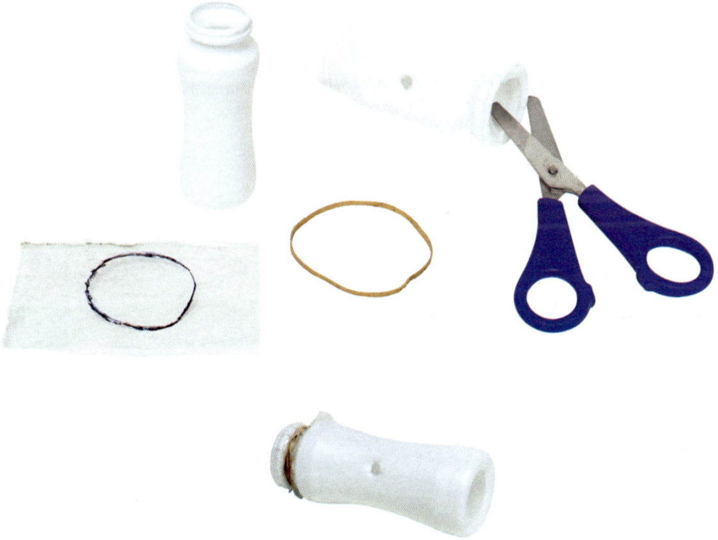

MATERIAL

- Botellitas de yogur
- Papel de celofán
- Gomas elásticas
- Tijeras

Experimentamos con el sonido

PASO 4 Apoya tus labios sobre el agujerito del tubo y pronuncia sílabas como TU, TU, TU, a la vez que cantas.

PASO 5 Forma un coro de mirlitones con tus compañeros para interpretar la canción de esta unidad.

El mirlitón es muy popular en el folclore de muchos países, como España.

Danza 1 The Indian Queen

Antes de empezar

- *The Indian Queen* es una danza tradicional inglesa. Lleva el nombre de una ópera del compositor inglés Henry Purcell.
- Esta danza se publicó en el siglo XVII, en la novena edición de un recopilatorio llamado ***The English Dancing Master*** ('El maestro de danza inglesa').
- La obra ***The English Dancing Master*** fue creada por John Playford. Está compuesta por música y coreografías de danzas tradicionales inglesas.

La posición de partida

Estructura de la danza

A1	A2	A1	A2	B1	B2	B1	B2

¡Ten en cuenta!
Hemos simplificado algunos pasos originales para que la danza sea más fácil.

Los pasos del baile

Paso 1

A1

Las chicas caminan cuatro pasos hacia el centro del círculo. Deben hacerlo siguiendo el pulso, mientras los chicos dan palmas.

Paso 2

A2

Las chicas dan cuatro pasos hacia atrás. Al hacerlo, deben seguir el pulso, mientras los chicos dan palmas.

Paso 3

A1

Ahora son los chicos los que caminan cuatro pasos hacia el centro del círculo. Mientras, las chicas dan palmas.

Paso 4

A2

Los chicos dan cuatro pasos hacia atrás. Deben seguir el pulso, mientras las chicas dan palmas.

B1

Junta tu mano derecha con la de tus compañeros en el centro del círculo. Después, da ocho pasos laterales hacia la izquierda.

Paso 5

Paso 6

B2

Ahora junta la mano izquierda en el centro del círculo y da ocho pasos laterales hacia la derecha.

2 Pequeños grupos, grandes músicas

Escuchamos y hablamos

¿Has visto alguna vez un grupo de músicos tocando? Seguro que tú también has disfrutado haciendo música con tus compañeros. Desde hace mucho tiempo, los músicos se reúnen para tocar instrumentos. Cuando las agrupaciones son pequeñas se llaman grupos de cámara.

Escucha con atención. Señala qué tipo de grupo musical toca en cada caso.

¿Reconoces los instrumentos de la imagen? ¿Has escuchado alguna vez un grupo en directo? ¿Qué te pareció?

Música y cultura. **La música de cámara**

La **música de cámara** es la que tocan pequeñas agrupaciones instrumentales. Se llama así porque antiguamente esta música se tocaba en las cámaras (salas) de los palacios europeos.

Las agrupaciones de cámara nacieron en los palacios medievales, en el siglo XII. Durante los siglos siguientes, su música se desarrolló mucho. Fue a partir del siglo XIX cuando se empezó a interpretar en salas de conciertos.

En la música de cámara intervienen distintos instrumentos. Cada músico está especializado en uno. Cuando tocan, se complementan los unos a los otros. Son como solistas que tocan juntos, cada uno con su voz.

Uno de ellos dirige al grupo con gestos, sin dejar de tocar.

Federico II de Prusia tocando la flauta travesera en un concierto en el palacio de Sanssouci, del pintor Adolph von Menzel (siglo XVIII).

LOS GRUPOS DE CÁMARA MÁS FRECUENTES

Dúo

Flauta travesera y piano

Trío

Violín, violonchelo y piano

Cuarteto de cuerda

Violín 1.°, violín 2.°, viola y violonchelo

Quinteto de viento

Flauta travesera, clarinete, oboe, trompa y fagot

Beethoven, del salón al teatro

Ludwig van Beethoven (1770-1827) fue uno de los compositores que más desarrollaron la música de cámara. Compuso una gran cantidad de obras y las tocó en numerosos conciertos públicos.

Escucha estos ejemplos de música de cámara. Entre ellos hay uno de Beethoven. ¿Qué instrumentos reconoces?

- Observa esta página. ¿Qué instrumentos identificas en ella? ¿Qué sabes de ellos?

Música y cultura. Los quintetos de cuerda

Un **quinteto de cuerda** es una agrupación de cinco instrumentos de ese tipo. Puede presentar distintas combinaciones de instrumentos. También se llama así la composición musical escrita para este conjunto.

Escucha e intenta reconocer cada instrumento del quinteto.

smSaviadigital.com
PONTE A PUNTO Aprende cómo son los quintetos de cuerda.

Audición. *Quinteto de cuerda n.º 17. Minueto,* de Luigi Boccherini

Escucha esta audición y trata de seguirla. Cada casilla es un compás de tres pulsos. Te resultará más fácil si vas marcando el compás. Fíjate en que todas las frases comienzan con anacrusa.

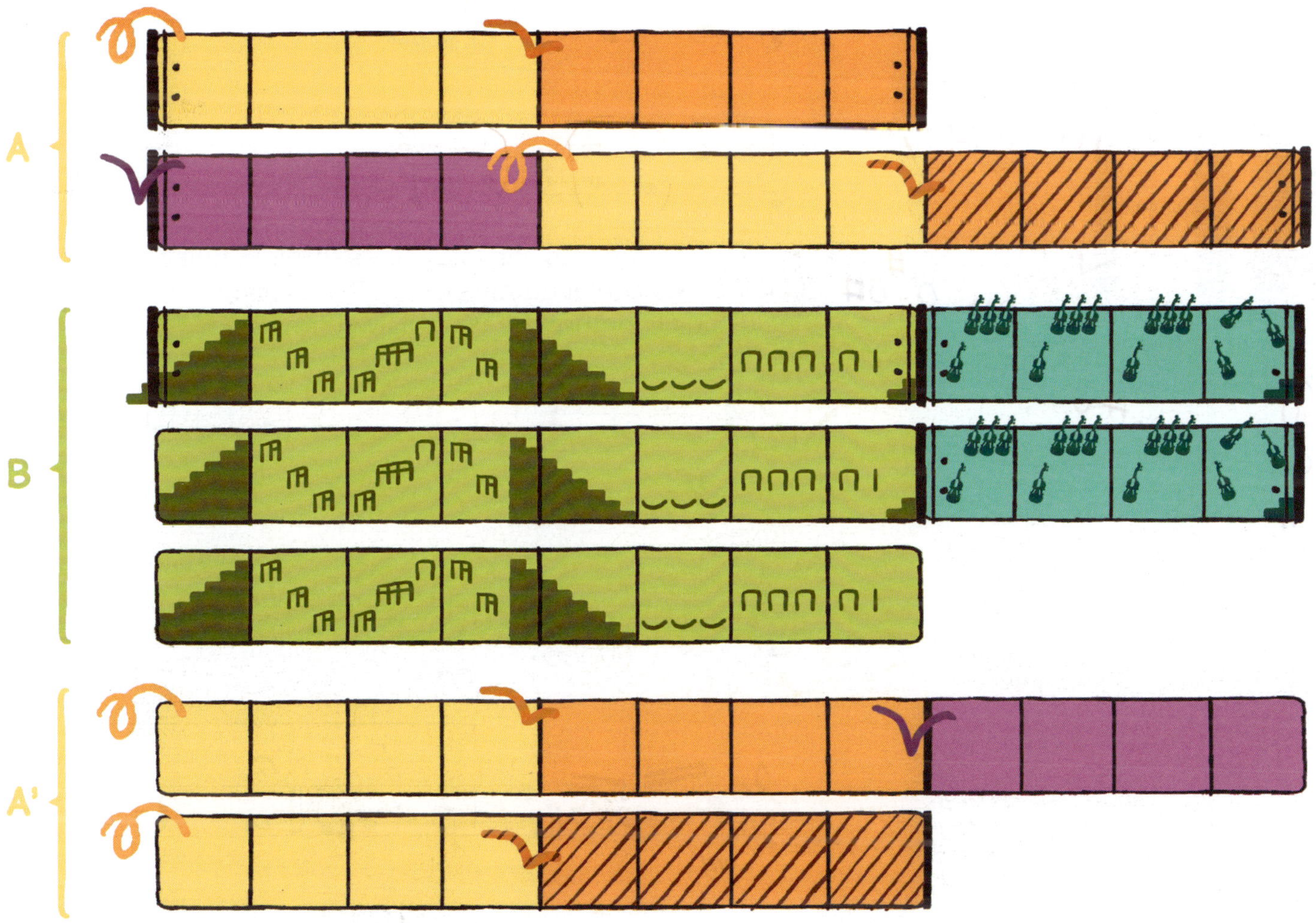

¿Sabías que...?

Boccherini era italiano, pero pasó gran parte de su vida en España. Aquí trabajó como músico para la nobleza. Compuso mucha música de cámara, como este minueto.

Además de una composición musical, un minueto es un tipo de danza francesa en compás de tres pulsos.

smSaviadigital.com PRACTICA Aprende a sentir la música con el **musicograma**.

Lenguaje musical. La distancia entre las notas: tonos y semitonos

- La diferencia de altura entre dos notas consecutivas puede ser de un **tono** o de medio (**semitono**). Hay un semitono entre las notas **mi-fa** y **si-do**.

- Para subir un semitono la altura de una nota, se coloca delante de ella el signo de **sostenido** (♯).

tono semitono

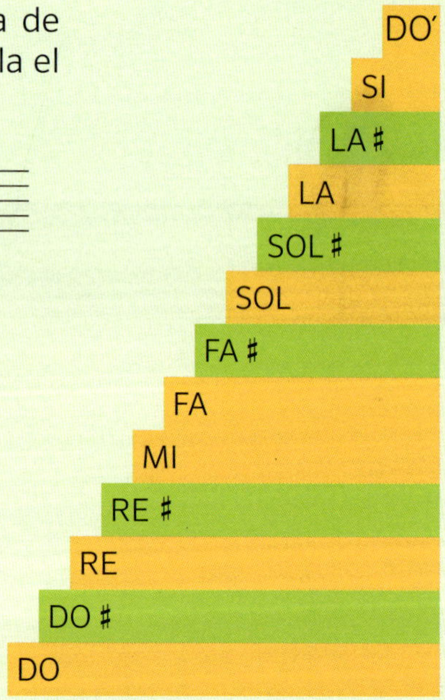

1. Lee este fragmento y señala dónde están los semitonos.

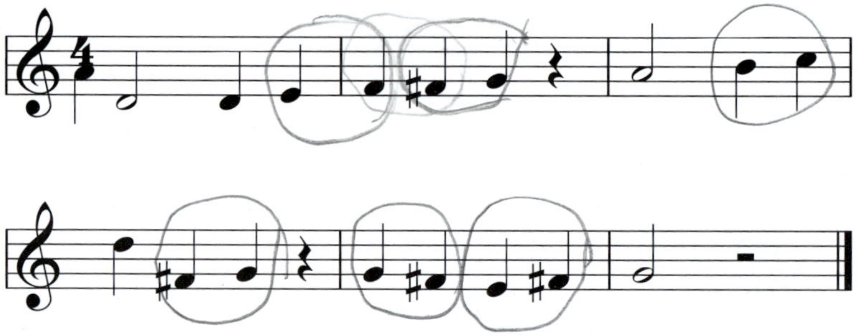

2. Lee este fragmento con las sílabas rítmicas que conoces. Después, hazlo con el nombre de las notas, sin ritmo. Por último, léelo con el nombre de las notas y el ritmo.

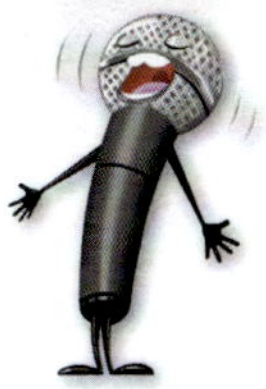

Canción. *¿Música de cámara? ¡Qué desconcierto!*

Escucha y aprende esta canción.

PISTA 5

Con cierto desconcierto,
fui con Alberto
a lo que anunciaban
como un concierto
de música de cámara.
¡Qué música tan bárbara!
¿Qué sería esto?
¡Qué buen invento!

(Estribillo)

Entramos a la sala,
que no era nada mala.
Tomamos asiento
como una bala.
Leímos los carteles,
por todas las paredes:
"Prohibidas las cámaras
en toda la sala".

(Estribillo)

3 Canta el estribillo de la canción con la ayuda de la partitura.

¡Ten en cuenta!

La postura corporal influye mucho en la respiración y en la calidad de la voz. Al cantar, intenta mantener el cuerpo recto, pero relajado.

smSaviadigital.com
PRACTICA Juega y aprende con el **karaoke**.

Flauta. *Sol y nieve*

Repasa y aprende estas notas. Después, interpreta la melodía.

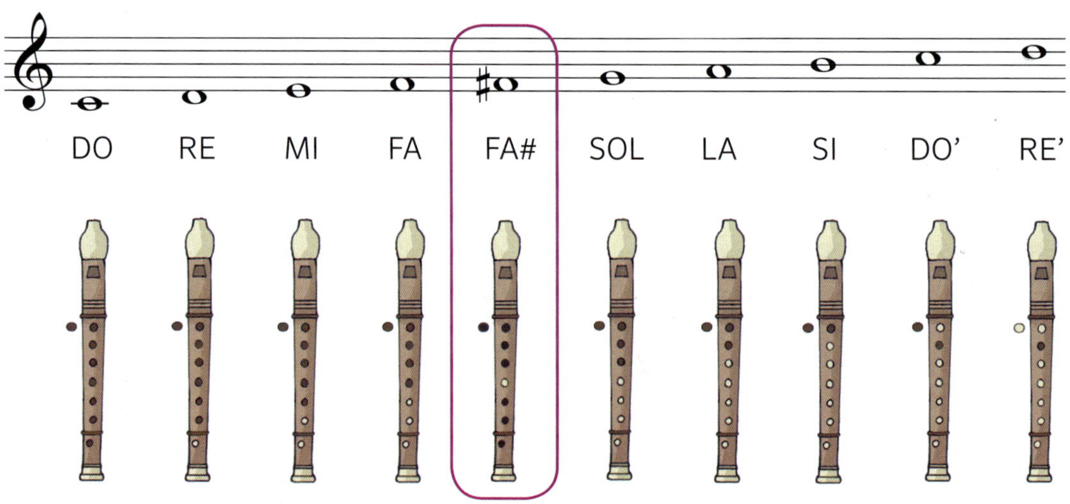

¡Ten en cuenta!

A veces la flauta no suena porque el vapor de la respiración se condensa en la embocadura. Si al tocar te ocurre esto, debes aspirar el líquido formado.

Recuerda limpiar la flauta antes y después de tocar.

smSaviadigital.com
PRACTICA Aprende a tocar esta canción con el **karaograma**.

Interpretación musical. ***Bocado de Boccherini***

4 Aprende estos patrones. Observa qué partes se repiten y cuáles no.

A3

Improvisamos con la nota sol.

B

Improvisamos con las notas sol, si, re.

Si sigues este esquema con la ayuda de la grabación, podrás acompañar una conocida melodía. ¿Sabes cuál es y quién la compuso?

A1 A2 A1 A3 B A1 A2

Actividades

1. ¿Por qué las pequeñas agrupaciones de instrumentos se llaman grupos de cámara? Escribe en tu cuaderno la respuesta correcta.

a) Porque, junto a sus instrumentos, llevan siempre una cámara.

b) Porque antiguamente tocaban en las salas o cámaras de los palacios.

c) Porque, para conservar bien los instrumentos, tocan dentro de cámaras frigoríficas.

2. Copia y completa esta frase en tu cuaderno.

A partir del siglo •••, la música de cámara empezó a ser interpretada en ••• de ••• .

3. Dos de estas afirmaciones son verdaderas. ¿Cuáles son? Escríbelas en tu cuaderno.

a) Los instrumentistas de los grupos de cámara tocan juntos la misma voz.

b) Los instrumentistas de los grupos de cámara son como solistas tocando cada uno su voz.

c) Uno de los músicos del grupo de cámara es el que hace de director, sin dejar de tocar.

4. Copia y completa la tabla en tu cuaderno. Debes formar las agrupaciones de cámara más frecuentes con estos instrumentos: fagot, flauta, violín primero, violín segundo, clarinete, viola, oboe, violonchelo, trompa, piano.

Agrupaciones	Instrumentos
Dúo	•••
Trío	•••
Cuarteto	•••
Quinteto	•••

5. Escribe en tu cuaderno cuál de estos compositores llevó la música de cámara desde los palacios a las salas de conciertos.

Mozart

Boccherini

Beethoven

6. ¿Cuál de estos nombres corresponde a una composición musical que también es una danza francesa en compás de tres pulsos? Escríbelo en tu cuaderno.

Polca

Marcha

Jota

Minueto

7. Escribe en tu cuaderno cómo se llama este signo (♯) y qué efecto produce en las notas que lo llevan.

8. Indica en tu cuaderno entre cuáles de estas notas hay un semitono. Como ayuda, consulta la escalera de semitonos.

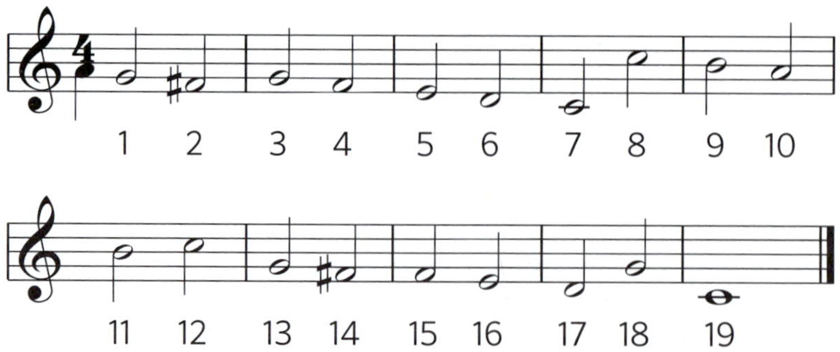

smSaviadigital.com

VALORA LO APRENDIDO Comprueba lo que has aprendido en la **autoevaluación**.

Vamos a formar grupos de cámara en clase. Nuestros instrumentos serán globos. Con ellos obtendremos sonidos muy diferentes.

Investigamos los distintos sonidos de un globo

PASO 1 Forma un grupo de cinco personas. Descubre con ellas qué sonido producen estas acciones.

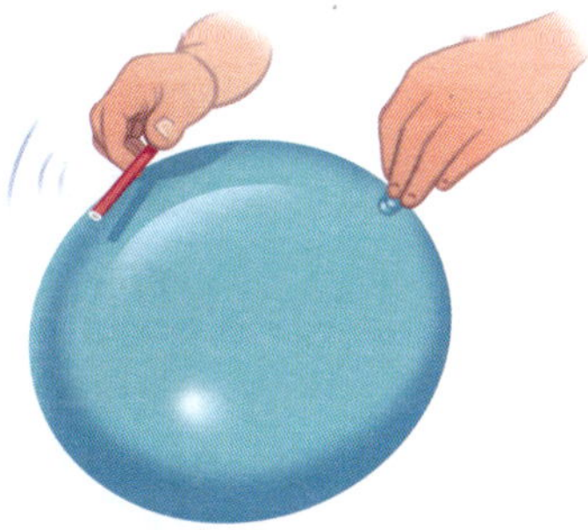

Percutir. Golpea un globo inflado con un lápiz y con las manos.

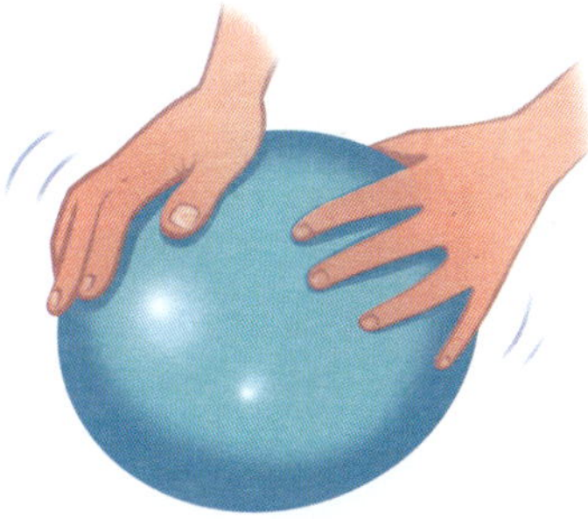

Frotar. Frota con los dedos un globo inflado para encontrar diferentes sonidos.

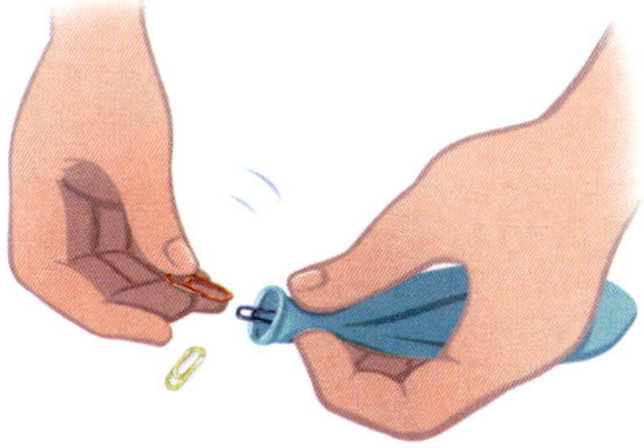

Agitar. Introduce clips en un globo, ínflalo, sujétalo por la boquilla y agítalo.

Pellizcar. Para fabricar un tambor, corta un trozo de globo con las tijeras. Después, fíjalo muy tensado, con cinta adhesiva, a la boca de un envase vacío. Pellizca diferentes partes del globo.

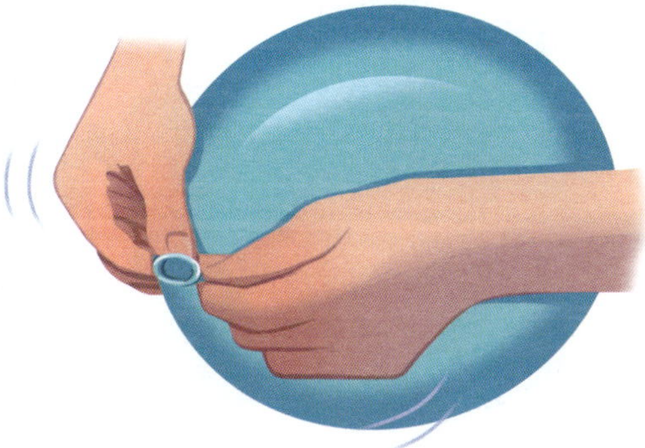

Soplar. Sopla por la boquilla del globo recortado, mientras lo estiras más o menos. Infla un globo y deja salir el aire estirando la boquilla.

MATERIAL

- Globos
- Envases de yogur, latas o botes
- Lápices y clips
- Cinta adhesiva y tijeras

Hacemos música con globos

PASO 2 Elige una acción y practícala. Cada componente de tu grupo seleccionará y se encargará de una acción diferente.

PASO 3 Decide en grupo qué sonidos vais a tocar y en qué orden. Procura que cada sonido se oiga a veces individualmente y otras en conjunto.

PASO 4 Ensaya con tu grupo vuestra "obra de cámara". Después, interprétala para toda la clase.

Función de Navidad

Navidad en la casa del terror

Es Navidad. Los monstruos de la Casa del Terror están muy preocupados: su amiga, la bruja Leonor, ha desaparecido. Para encontrarla, contratan a una agencia de detectives, Los Sabuesos. Tras minuciosas investigaciones, Petra y Bernardo desvelan, por fin, el inquietante misterio.

Los personajes

Escucha la grabación. Después, numera en tu cuaderno estos personajes según su orden de aparición.

Escucha la canción. Después, cántala con tus compañeros.

Sonrisas aladas

Llena el mundo de alegría
y píntalo de color,
repartiendo cada día
sonrisas alrededor.

Porque una sonrisa vuela
de uno a otro semblante
y va dejando una estela
luminosa y chispeante.

Así que presta atención:
si tu alegría regalas,
volverá a tu corazón.
¡Las sonrisas tienen alas!

3 Muchos músicos, mucha música

Escuchamos y hablamos

Cuando hay muchos músicos juntos, hay mucha música. Eso sucede en el grupo instrumental más numeroso: la orquesta sinfónica. Son tantos músicos, que necesitan un director para coordinarse.

La palabra sinfónica viene de sinfonía, que es una obra musical larga tocada por los instrumentos orquestales de cuerda, viento-madera, viento-metal y percusión.

¿Cuál de estas audiciones corresponde a músicas tocadas por orquestas sinfónicas?

¿Reconoces algún instrumento de la fotografía? ¿Has visto alguna vez una orquesta tocando? ¿Dónde?

Música y cultura. **Las orquestas**

Las **orquestas** son las agrupaciones instrumentales más numerosas. La **orquesta sinfónica** tiene más de 80 músicos. Estos se dividen por familias de instrumentos.

Los instrumentos de la orquesta

- Los instrumentos de **cuerda** son los más numerosos. Hay unos 60 y se dividen en grupos que tocan la misma música.
- Cada instrumento de **viento-madera** toca una música diferente y puede hacer solos. Los de **viento-metal** suenan muy fuerte; por eso están casi al final de la orquesta.
- Los instrumentos de **percusión** se sitúan al fondo de la orquesta. Pueden ser muchos y variados. Unos tocan melodías y otros solo hacen ritmos.

Situación de los instrumentos en la orquesta.

Los protagonistas de la orquesta

- Los **compositores** indican qué instrumentos deben tocarse en la orquesta para interpretar su obra.
- Los **directores** se encargan de llevar el **pulso** y la **velocidad**. También marcan los **matices** de la obra. Dirigen la orquesta con las manos y con una **batuta**.
- Los **instrumentistas** interpretan la música. Para poder entrar en una orquesta deben estudiar durante años y pasar pruebas muy difíciles.

Tipos de orquestas

Hay orquestas más pequeñas que la **sinfónica**. Una de ellas es la **orquesta de cámara**, en la que están todas las familias instrumentales, pero tocan menos músicos.

También hay orquestas "especializadas", como la de **cuerda** (violines, violas, violonchelos y contrabajos).

Escucha e identifica las familias orquestales.

- Observa el dibujo. ¿Qué instrumentos se tocan con un arco? Nómbralos.

Música y cultura. **Los músicos de la orquesta sinfónica**

La **orquesta sinfónica** es una gran agrupación musical. Está formada por todas las familias de instrumentos: la percusión, la cuerda (frotada, pulsada y percutida), el viento-madera y el viento-metal. Gracias a esta variedad, se pueden combinar sonoridades muy diferentes.

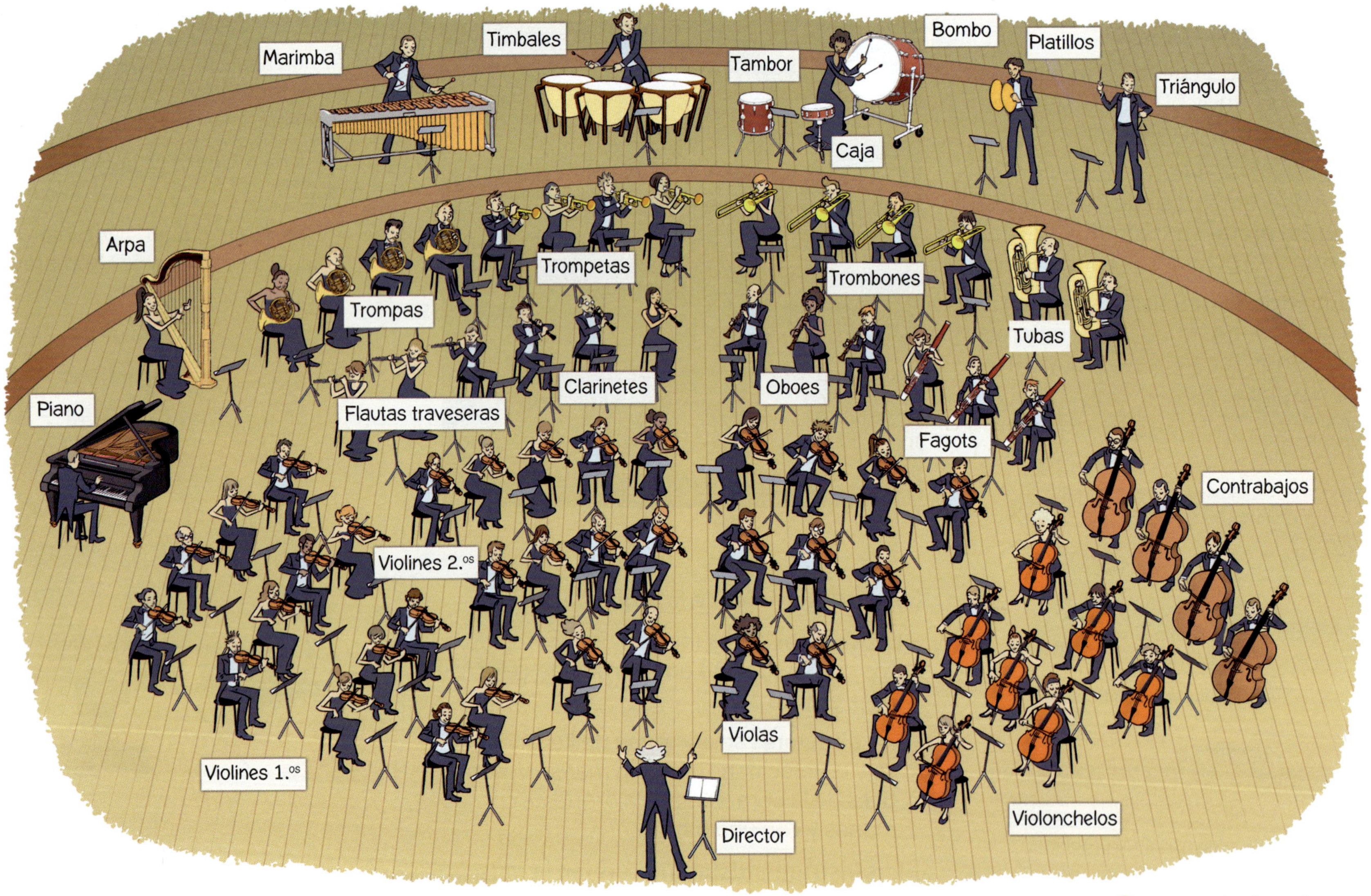

Escucha y reconoce cómo suena la orquesta.

smSaviadigital.com
PONTE A PUNTO Aprende sobre los músicos de la orquesta.

Audición. "Pizzicato", del *ballet Sylvia*, de Leo Delibes

Escucha la música y trata de seguirla a partir del esquema. Cada casilla indica los compases que abarca.

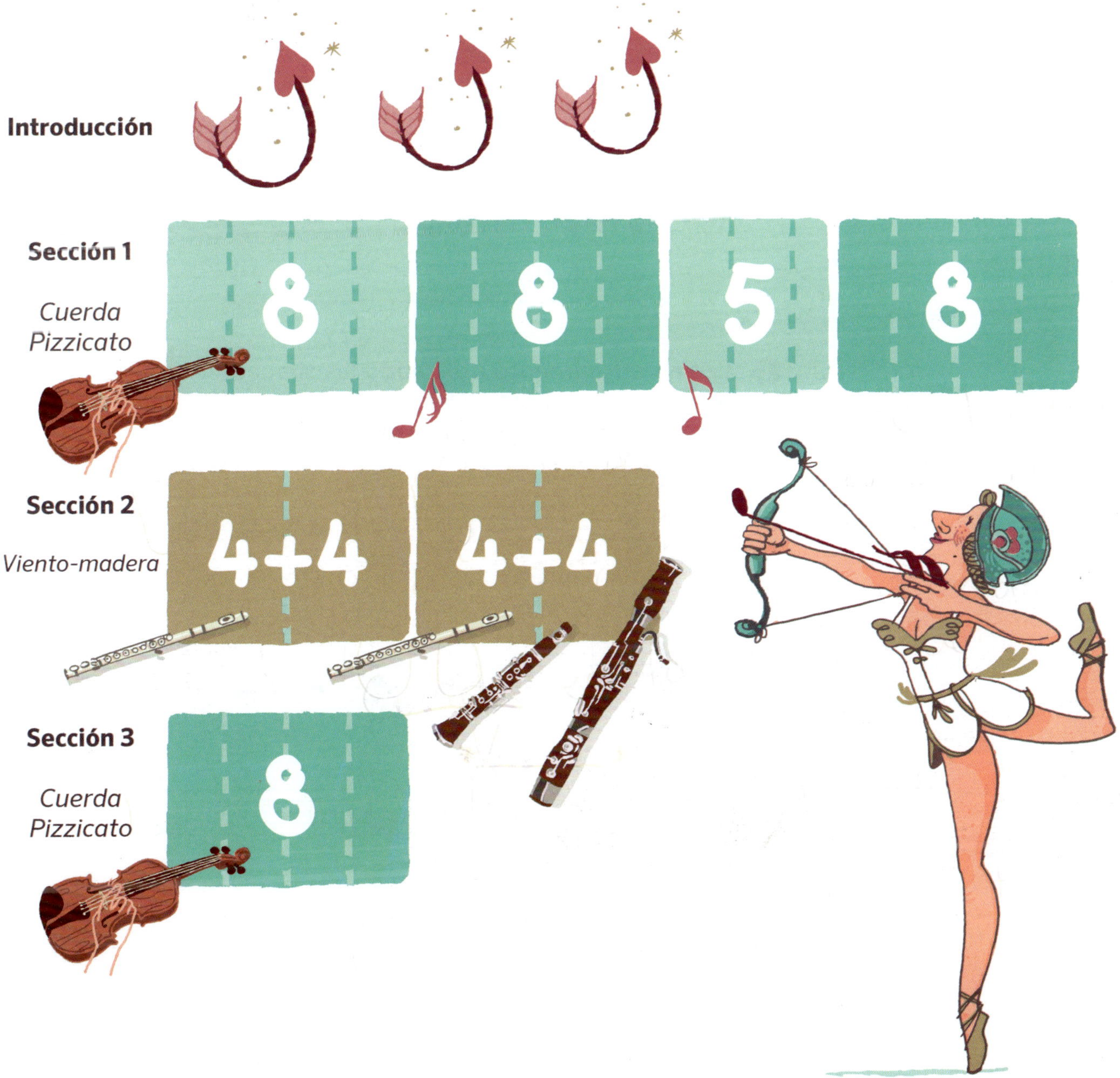

¿Sabías que...?

El *ballet Sylvia* cuenta una historia de amor. Esta pieza, el "Pizzicato", forma parte de él. Transmite la alegría de la protagonista por una conquista amorosa.

smSaviadigital.com
PRACTICA Aprende a sentir la música con el **musicograma**.

Lenguaje musical. **El silencio de corchea. El becuadro**

- El **silencio de corchea** se escribe con el signo 𝄾.

  Cuando una corchea no va unida a otra figura, se escribe con el signo ♪ y dura la mitad que la negra, es decir, medio pulso.

- El signo (♮) es un **becuadro**. Nos indica que debemos bajar un semitono una nota que se ha alterado con sostenido.

FA FA SOSTENIDO FA

Con el becuadro, el fa suena con su sonido natural.

1 Lee despacio este fragmento con las sílabas rítmicas que conoces. Sustituye los silencios por el gesto correspondiente.

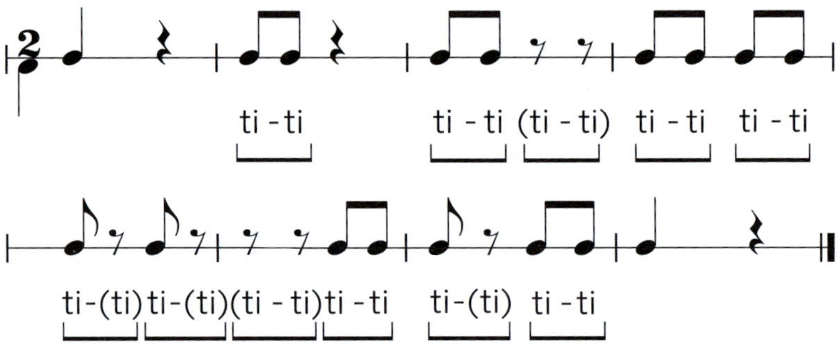

2 Lee este fragmento utilizando las sílabas rítmicas. Después, hazlo con el nombre de las notas, sin ritmo. Por último, entona este fragmento con la ayuda de la flauta.

Canción. *La Orquesta Menestra*

Escucha y aprende esta canción

PISTA 9

Muchos ingredientes
he tenido que mezclar
para mi menestra
muy bien combinar.

Muchos instrumentos
han tenido que mezclar
para que la orquesta
puedas disfrutar. ¡Chan-chan!
(Estribillo)

Timbres diferentes
han jugado a combinar,
que se complementen
y no suenen mal.

Percusión y viento,
a los que debo sumar
gran parte de cuerda
para equilibrar. ¡Chan-chan!
(Estribillo)

3 Canta el estribillo de la canción con la ayuda de la partitura.

¡Ten en cuenta!

Tu pronunciación mejorará mucho si cantas mientras te muerdes el dedo índice de la mano. Tienes que intentar que se te entienda.

smSaviadigital.com
PRACTICA Juega y aprende con el **karaoke**.

Flauta. ***Salto y paseo***

¡Ten en cuenta!

Llena tus pulmones de aire y suéltalo muy lentamente con las notas do o re graves. Mantén el sonido de forma prolongada.

Aprende las notas e interpreta la melodía.

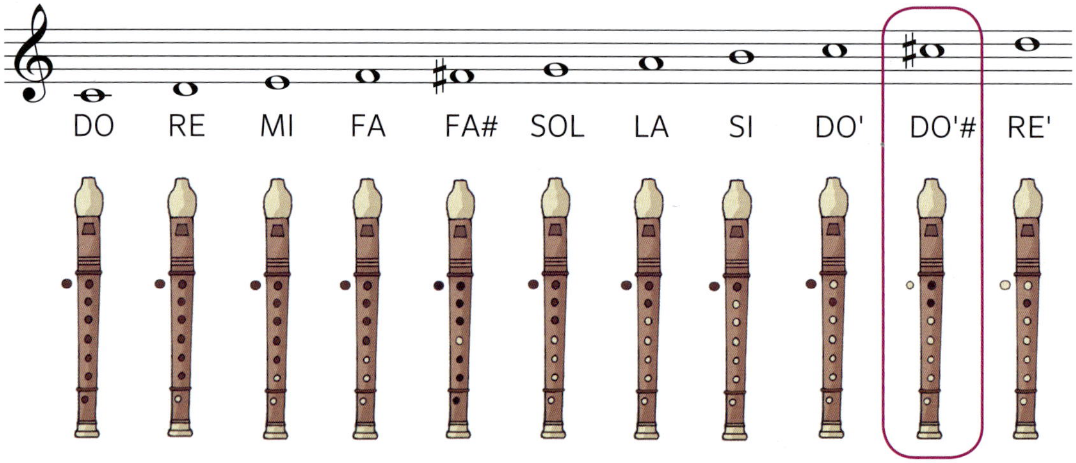

smSaviadigital.com
PRACTICA Aprende a tocar esta canción con el **karaograma**.

Interpretación musical. **Una orquesta con mucha mano**

4 Aprende estos patrones del tema A de la audición de esta unidad. Fíjate bien en sus diferencias.

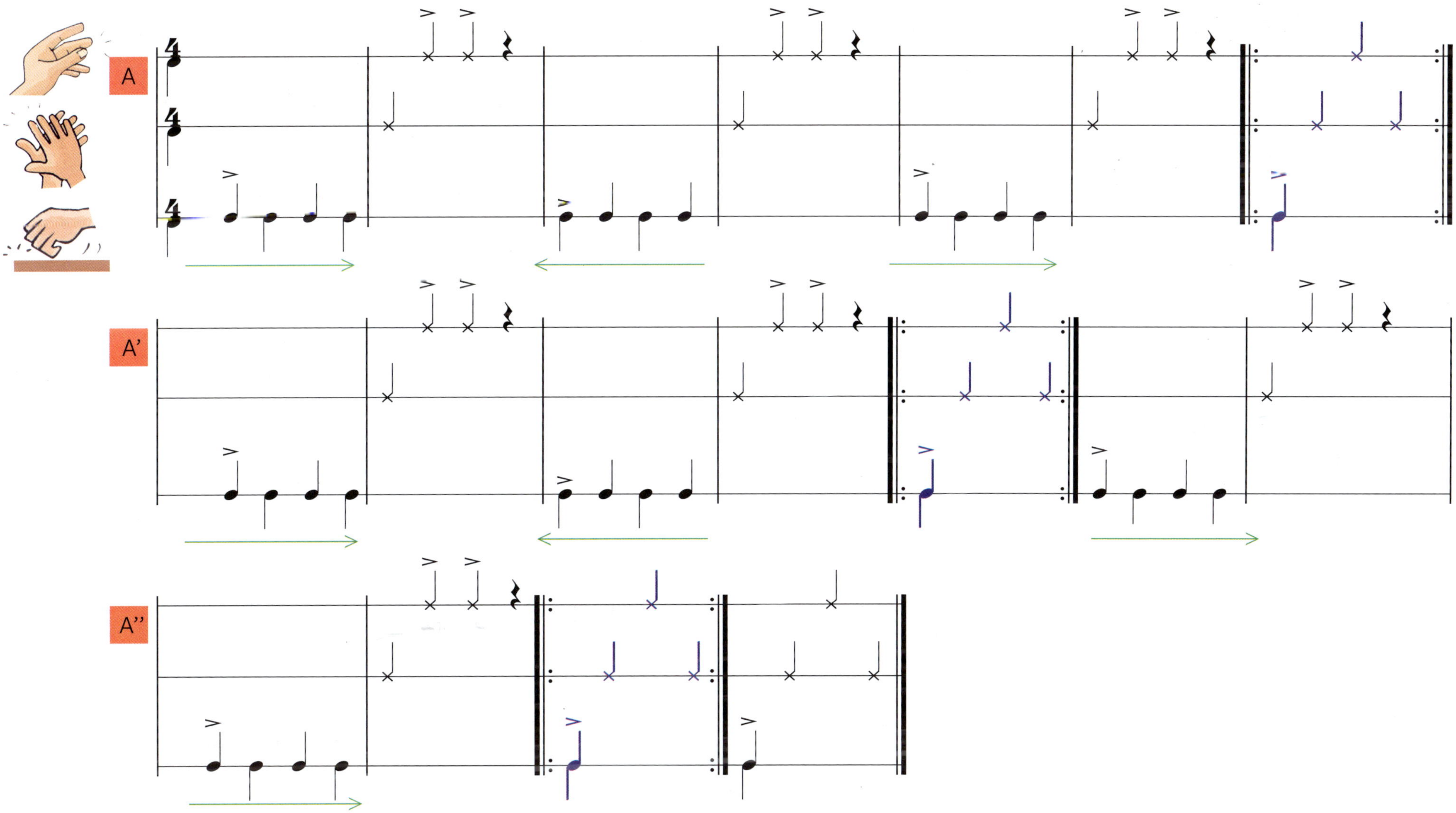

5 Inventa en grupo un *ballet* de manos para el tema B. En la primera mitad, una persona inventa; en la segunda, el grupo imita.

A A' A'' A' B B A'

Actividades

1. ¿Cuál de estos tres tipos de orquesta tiene un mayor número de músicos? Escribe la respuesta en tu cuaderno.

a) Orquesta de cuerda.

b) Orquesta sinfónica.

c) Orquesta de cámara.

2. Copia en tu cuaderno esta frase y complétala.

La ●●● es una obra musical larga tocada por los instrumentos orquestales de c●●●, viento-●●●, viento-●●● y p●●●.

3. Una de estas afirmaciones es falsa. Escríbela en tu cuaderno.

a) Los instrumentos de cuerda son los más numerosos de la orquesta.

b) Los instrumentos de percusión se sitúan al fondo de la orquesta, porque suenan muy fuerte.

c) Uno de los músicos de la orquesta sinfónica hace de director, sin dejar de tocar.

4. ¿Quién decide qué instrumentos se necesitan en la orquesta para tocar una obra musical? Responde en tu cuaderno.

a) El director. b) El compositor. c) Los instrumentistas.

5. ¿Cómo se llama el tipo de orquesta que se puede formar con los instrumentos del dibujo?

6. ¿Qué nombres de las familias orquestales faltan en este esquema? Escríbelos en tu cuaderno.

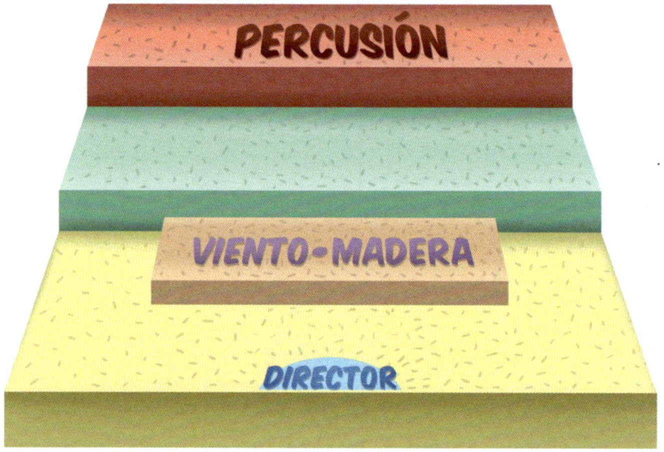

7. Copia y completa en tu cuaderno estos compases con figuras o silencios.

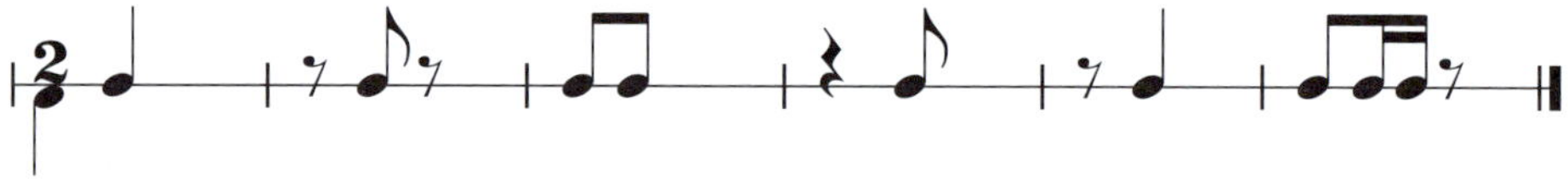

8. ¿Cómo se llama el signo ♮? ¿Para qué se utiliza? Escribe las respuestas en tu cuaderno.

9. Indica en tu cuaderno entre qué notas hay un semitono. Consulta la escalera de semitonos de la unidad anterior.

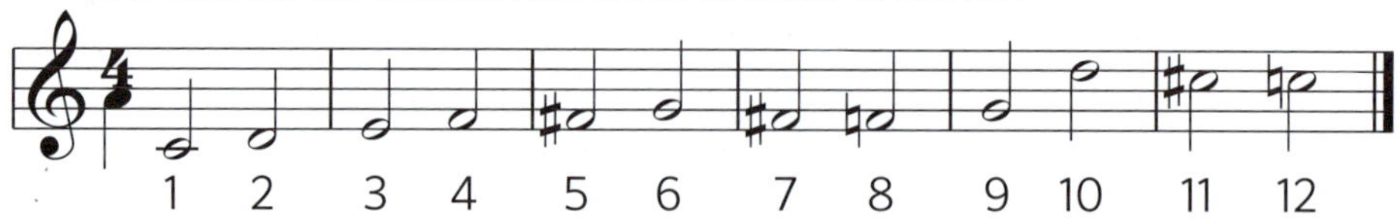

smSaviadigital.com

VALORA LO APRENDIDO Comprueba lo que has aprendido en la **autoevaluación**.

Taller de música

Investigamos las familias orquestales

Vamos a investigar en grupo sobre las familias orquestales y sus instrumentos.

MATERIAL

- Ordenadores con acceso a internet
- Cartulinas
- Lápices y rotuladores
- Pegamento y tijeras

Investigamos y ordenamos el material

PASO 1 Forma un equipo de trabajo con tus compañeros. En grupo, elige una familia orquestal: cuerda, viento-madera, viento-metal o percusión.

PASO 2 Busca información en internet sobre la familia orquestal elegida y los instrumentos que la forman.

PASO 3 Elabora una ficha sobre cada instrumento. Sigue el modelo que te proponemos y no olvides añadir una fotografía.

PASO 4 Busca grabaciones o vídeos de la familia de instrumentos que has investigado. Elige los dos que más te gustan.

Exponemos nuestro trabajo

PASO 5 Haz un mural con las fichas que has elaborado.

PASO 6 Muestra a tus compañeros los resultados del trabajo. Utiliza los vídeos y grabaciones que has elegido para que tu exposición sea más clara.

Familia orquestal: cuerda	
Grupo: frotada	
Nombre: violín	
Producción del sonido: arco	

Familia orquestal: viento	
Grupo: madera	
Nombre: oboe	
Producción del sonido: doble lengüeta	

Las orquestas no tienen siempre los mismos instrumentos. Depende de la obra musical que toquen.

Danza 2 *El Candil* (Extremadura)

Antes de empezar

- El Candil es un baile típico de la provincia de Badajoz (Extremadura). Se originó en la localidad de Olivenza.
- Su nombre se debe a que las fiestas se celebraban a la luz de unas lámparas de aceite llamadas candiles. Estos se usaban cuando la electricidad aún no existía.
- Hoy día es uno de los bailes folclóricos más populares de Extremadura.

Estructura de la danza

A1 A2	A1 A2	B1 B2	C1 C2	D1 D2

Dos veces

A1 A2

Acelerando

La posición de partida

Por parejas, colócate en círculo, de forma que se alternen chicos y chicas. Ellos tendrán las manos en la espalda, y ellas, en la cintura.

Paso clave

Desplázate siempre dando dos pequeños saltos con cada pie.

Los pasos del baile

Paso 1

A

Da un pequeño salto con un pie mientras elevas y cruzas el otro por delante.

Paso 2

B1

Desplázate y haz una cadena entrelazando el brazo con tu compañero. Comienza con el derecho.

Paso 3

B2

Ahora cambia el sentido: realiza la cadena cruzando el brazo izquierdo.

Paso 4

C1

Los chicos van al centro haciendo el paso clave. Al llegar, dan dos palmadas con la música. Regresan a su posición. En ella dan otras dos palmadas con la música.

Paso 5

C2

Las chicas van al centro haciendo el paso clave. Al llegar, dan dos palmadas con la música. Regresan a su posición. En ella dan otras dos palmadas con la música.

Paso 6

D

Desplázate sin dejar de mirar la espalda de tu compañero. Comienza hacia la derecha. Después, cambia el sentido a la izquierda.

4 Música al aire libre

Escuchamos y hablamos

En muchas ciudades es fácil ver y oír bandas de música en desfiles de calle o en conciertos al aire libre. Sus protagonistas son los instrumentos más sonoros: los de viento y los de percusión.

Tres de estas audiciones corresponden a bandas de música. ¿Cuáles son? ¿Puedes identificar los otros grupos?

¿Reconoces los instrumentos de la fotografía? ¿Has visto alguna vez una banda? ¿Cuándo? ¿Qué tipo de música tocaba?

Música y cultura. **Las bandas de música**

Las **bandas de música** son agrupaciones que tocan al aire libre. Suelen incluir solo instrumentos de **viento** y de **percusión**.

Tipos de bandas de música

Las **bandas de música** más comunes solo tienen instrumentos de viento (metal y madera) y percusión.

Otros tipos de banda, con menos instrumentos, son las **bandas de cornetas y tambores** y las **agrupaciones de viento-metal y percusión**.

La **banda sinfónica** puede tener más de 80 instrumentos. Hay viento y percusión, violonchelos, contrabajos y a veces piano o arpa. Tocan muchos tipos de música y dan conciertos al aire libre. Los músicos están sentados, como en la orquesta, y tienen un director.

VIENTO-METAL		VIENTO-MADERA		PERCUSIÓN	
Corneta	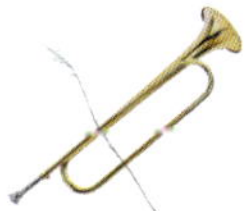	Flauta travesera	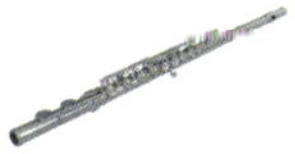	Caja	
Trompeta		Oboe		Tambor	
Trompa		Clarinete		Bombo	
Trombón		Fagot	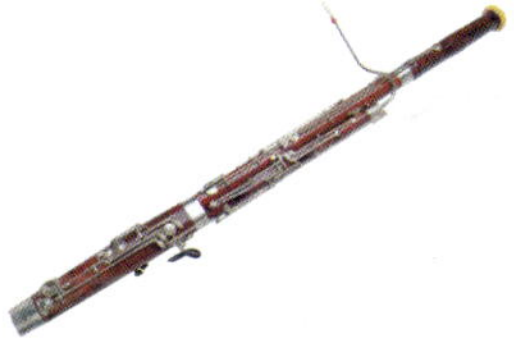	Platos	
Tuba		Saxofón			

La banda de jazz

El *jazz* es una música que nació en Estados Unidos. Mezcla sonidos africanos y europeos. La agrupación más numerosa de este tipo de música es la **banda de *jazz*** o ***big band***.

Estas audiciones corresponden a las bandas que has estudiado. Escucha e identifica los instrumentos.

- Observa la ilustracion e identifica los instrumentos de la banda de *jazz*.

Música y cultura. **Las baterías de samba**

Las **baterías de samba** son, sobre todo, bandas de percusión. Acompañan los cantos y llevan el ritmo del desfile de carnaval. Son muy importantes en Brasil, aunque las hay parecidas en otros lugares del mundo.

Escucha y descubre cómo suena la batería de samba.

smSaviadigital.com
PONTE A PUNTO Aprende sobre la batería de samba.

Audición. ***Batucada feijoada,*** de Vladimir Cosma

Escucha esta audición. Intenta distinguir cada instrumento dentro del conjunto.

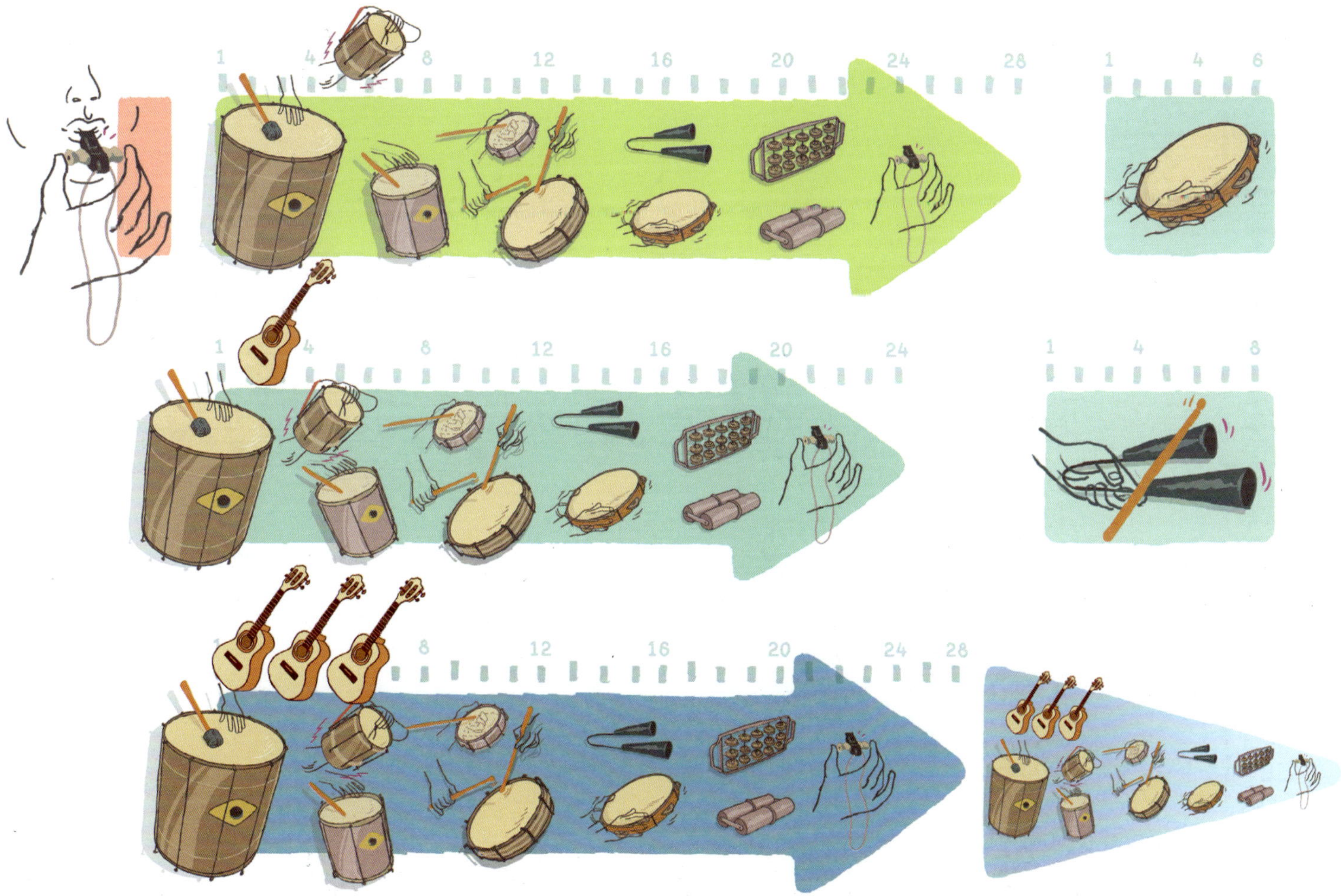

¿Sabías que...?

Las baterías de samba detienen con frecuencia su ritmo de repente, así dejan que se escuche solo la voz o algún instrumento pequeño. Esta acción se llama *paradinha*, que significa 'paradita'.

sm**Savia**digital.com

PRACTICA Aprende a sentir la música con el **musicograma**.

Lenguaje musical. **El contratiempo. *Crescendo y diminuendo***

- Si, de dos corcheas, la primera es un silencio y la segunda suena, decimos que es un **contratiempo**. Los sonidos a contratiempo no coinciden con la pulsación. Están justo entre un pulso y el siguiente.

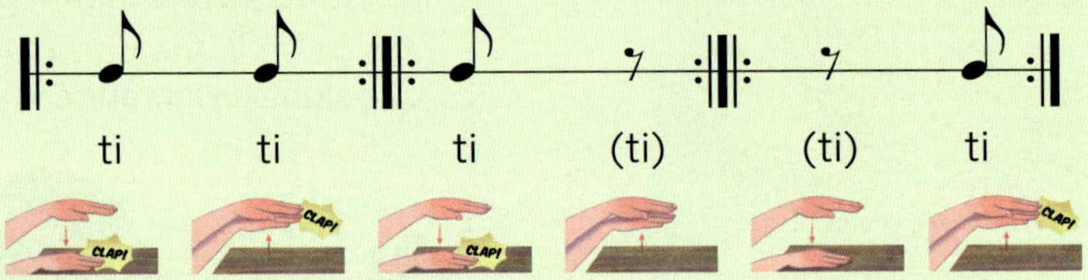

- Si un fragmento va creciendo en intensidad (es decir, suena cada vez más fuerte), lo llamamos ***crescendo***.

- Cuando un fragmento va disminuyendo (es decir, suena cada vez más suave), es un ***diminuendo***.

Hay que interpretar el cambio de intensidad poco a poco, según lo indican los signos.

1. Lee este fragmento, primero con sílabas rítmicas y después con palmadas. No olvides marcar el pulso.

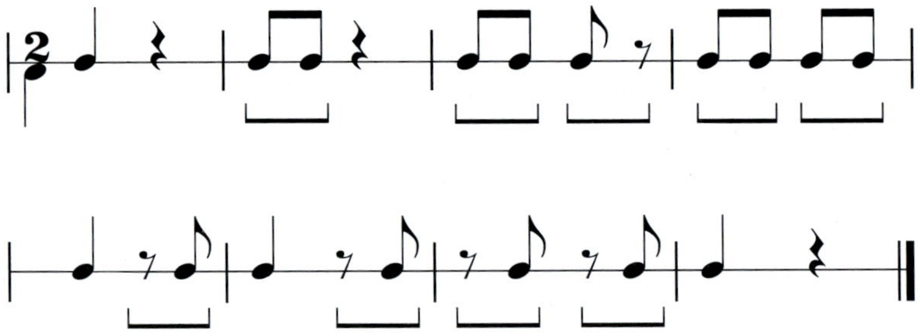

2. Lee este fragmento entonando e interpretando el *crescendo* y el *diminuendo*.

Canción. ¡Mi banda no anda!

Escucha y aprende esta canción.

PISTA 13

El saxofón se me lesionó,
se sentó en el suelo y me abandonó.
El carillón se me escacharró,
sus láminas grises ya no escucho yo.
(Estribillo)

¡Qué decepción! ¡Qué desilusión!
La fila de trompas también tropezó,
como un vagón se descarriló.
Alguna trompeta detrás se quedó.
(Estribillo)

¡Hasta un trombón se nos taponó!
De tanto soplido, su tubo atascó.
La percusión se me despistó,
por otro camino su ruta tomó.
(Estribillo)

¡Qué papelón! Se desvaneció,
tuba, barítono y todo cayó.
¡Qué papelón! Se desmenuzó,
maderas, metales... Solo quedé yo.

¡Ten en cuenta!

Para entonar sonidos agudos, no subas la barbilla ni estires el cuello. Al hacerlo, es más difícil emitir esos sonidos.

3 Canta el estribillo de la canción con la ayuda de la partitura.

smSaviadigital.com
PRACTICA Juega y aprende con el **karaoke**.

Flauta. ***Sosteniendo el sol***

¡Ten en cuenta!

Cuando una nota tiene sostenido (♯), las que vienen detrás, si están dentro del mismo compás y tienen el mismo nombre, también se leen con sostenido. No se tocan así si llevan un becuadro (♮).

Repasa y aprende estas notas. Después, interpreta la melodía.

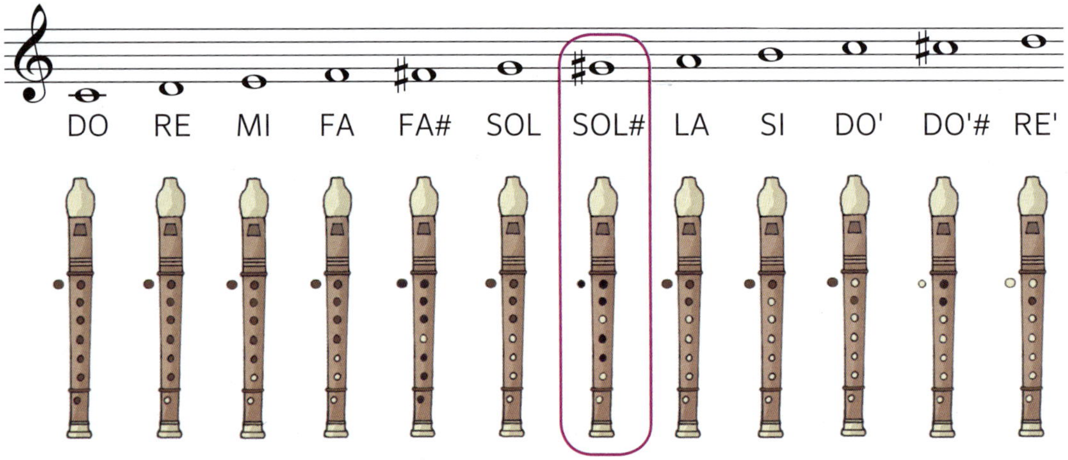

PISTA 15

smSaviadigital.com
PRACTICA Aprende a tocar esta canción con el **karaograma**.

Interpretación musical. *Sam, va trucada*

4 Aprende estos ritmos de samba batucada siguiendo el texto. Después, tócalos con los instrumentos indicados.

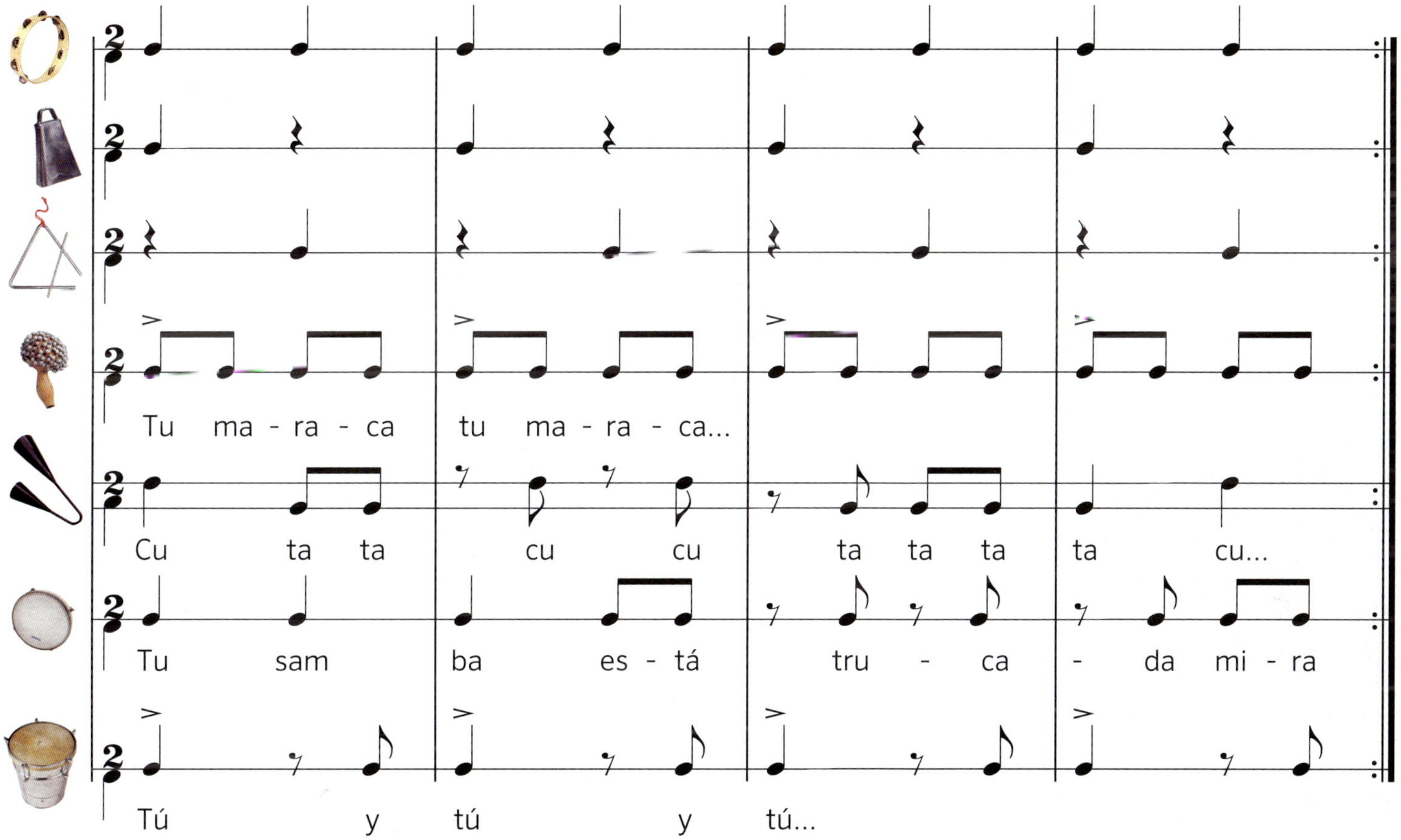

5 Sigue este esquema y las indicaciones de tu profesor para interpretar la samba en grupo.

Actividades

1. Copia en tu cuaderno esta frase y complétala.

Las ••• de ••• son agrupaciones que tocan al aire libre. Suelen incluir solo instrumentos de ••• y de •••.

2. ¿Cuál de estos tipos de bandas tiene un mayor número de instrumentos? Escribe la respuesta en tu cuaderno.

a) Agrupaciones de viento-metal y percusión.

b) Bandas sinfónicas.

c) Bandas de cornetas y tambores.

3. ¿Verdadero o falso? Responde en tu cuaderno.

- La banda sinfónica puede tener algunos instrumentos de cuerda.
- La banda más numerosa es la de cornetas y tambores.
- Ningún tipo de banda de música tiene director.

4. Estos instrumentos de la banda de música, ¿pertencen a las familias de viento-metal, viento-madera o percusión? Escribe las respuestas en tu cuaderno.

5. En Estados Unidos nació una música que mezcla sonidos africanos y europeos. ¿Cómo se llama? ¿Qué nombre recibe la agrupación más numerosa de este tipo de música? Responde en tu cuaderno.

6. Señala en tu cuaderno los contratiempos de corchea.

7. ¿Cómo se llaman estos signos? ¿Qué representan? Escribe las respuestas en tu cuaderno.

8. ¿Qué notas de este pentagrama se deben tocar con sostenido? Escribe en tu cuaderno el número que hay debajo de esas notas.

a.

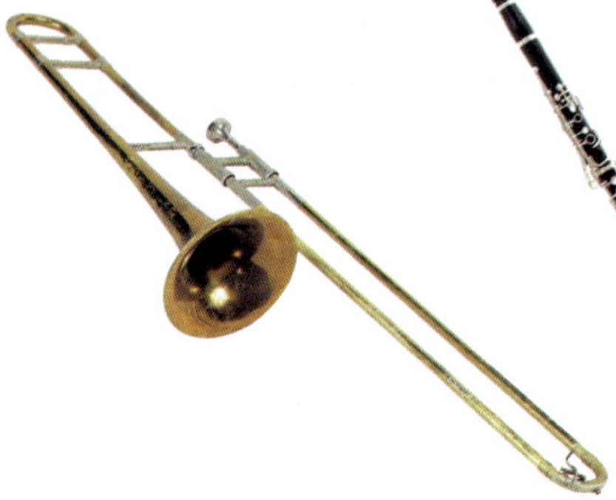

b.

c.

d.

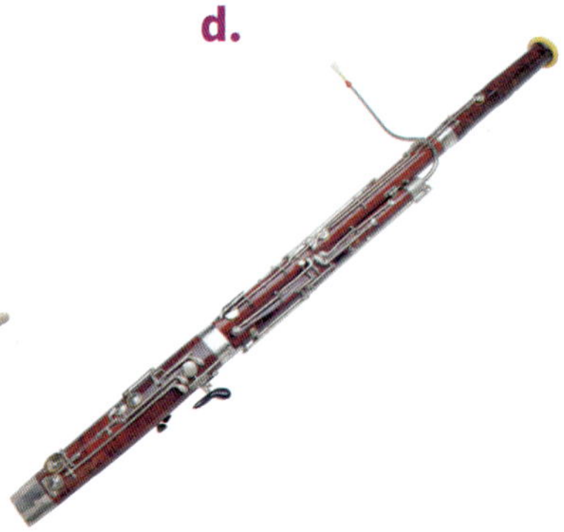

e.

f.

smSaviadigital.com

VALORA LO APRENDIDO Comprueba lo que has aprendido en la **autoevaluación**.

Vamos a intentar sacar sonido de una botella, como hacen los músicos con los instrumentos de viento-metal.

MATERIAL

- Botellas de plástico de diferentes tamaños
- Trozos de manguera o tubos corrugados (de 2 cm de diámetro)
- Tijeras y cinta adhesiva

Preparamos los instrumentos e investigamos

PASO 1 Forma un equipo de trabajo. Después, recorta el fondo de las botellas. Pon cinta adhesiva en el filo. Quita los tapones.

PASO 2 Para que suene, apoya los labios en la boca de la botella y haz sonidos parecidos a las pedorretas, pero con los labios más apretados.

PASO 3 Fíjate en cómo cambia el sonido si aprietas más o menos los labios. Cuanto más rápido pasa el aire entre ellos, ¿el sonido es más agudo o más grave?

PASO 4 Prueba con botellas y mangueras de diferentes tamaños. Con la misma presión de aire, ¿los sonidos son más o menos agudos?

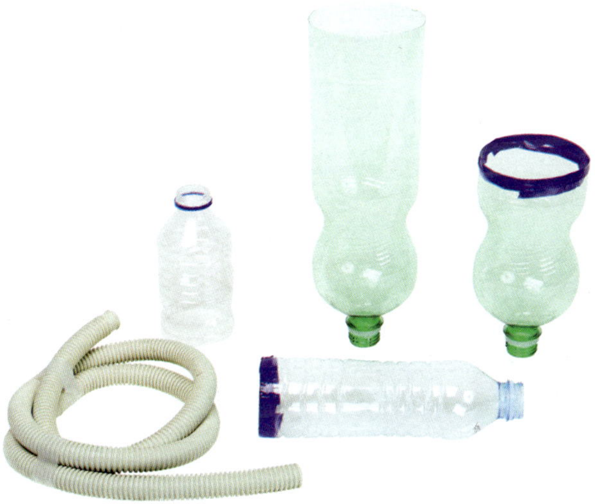

Recuerda que los instrumentos de viento-metal se tocan con boquillas, de forma parecida a como estás haciendo en este taller.

Tocamos en grupo

PASO 5 Toca con tu banda de viento-plástico: por turnos, una persona inventa un sonido y el resto del grupo lo imita.

5 Música con enchufes

Escuchamos y hablamos

En el siglo xx, la electricidad, la electrónica y la informática han entrado en el mundo de la música y de los grupos musicales. Desde entonces, muchas composiciones se escriben con ordenador y un gran número de músicos tocan guitarras eléctricas o teclados electrónicos. Gracias a esto se han conseguido nuevos sonidos.

- En estas audiciones suenan instrumentos electrófonos. ¿Reconoces alguno?
- Identifica los instrumentos de la fotografía. ¿Cuál es tu grupo musical preferido? ¿Qué instrumento electrófono te gusta más? Explica por qué.

Música y cultura. **Los instrumentos electrófonos. Grupos musicales**

Los **instrumentos electrófonos** necesitan la electricidad para producir o amplificar el sonido. Pueden ser **eléctricos** y **electrónicos**. Todos utilizan amplificador.

En los **instrumentos eléctricos** se sustituye la caja de resonancia por un micrófono y un amplificador, pero sigue habiendo materiales que vibran, como las cuerdas.

En los **instrumentos electrónicos** o **digitales**, los sonidos se producen utilizando solo la electrónica y la informática.

Los grupos de música popular (por ejemplo, el pop, el *rock* o el *jazz*) y un gran número de orquestas utilizan ordenadores e **instrumentos electrófonos**.

También los combinan con instrumentos tradicionales de cuerda (cordófonos), de viento (aerófonos) y de percusión (membranófonos e idiófonos).

INSTRUMENTOS ELÉCTRICOS

Guitarra

Bajo

Batería

Contrabajo

INSTRUMENTOS ELECTRÓNICOS

Órgano

Keytar

Sintetizador y teclado

La guitarra eléctrica

A mediados del siglo XX, un compositor de *jazz* inventó en Estados Unidos la **guitarra eléctrica**. Enseguida fue utilizada por los grupos de *rock* y de música de baile. Poco después apareció el **bajo eléctrico**, que puede sustituir al contrabajo en ese tipo de música.

Escucha e identifica los instrumentos de las imágenes en estas audiciones.

- Observa los instrumentos y busca información sobre ellos.

Música y cultura. **Música afrocaribeña: la orquesta de salsa**

La **orquesta de salsa** moderna emplea instrumentos tanto **electrófonos** como tradicionales. Los **membranófonos** suenan al vibrar sus membranas tensas. Los **cordófonos** producen sonido cuando vibran sus cuerdas. Los **aerófonos** suenan al vibrar el aire en una cavidad. Y los **idiófonos**, que son todos los demás, producen el sonido al vibrar el propio instrumento.

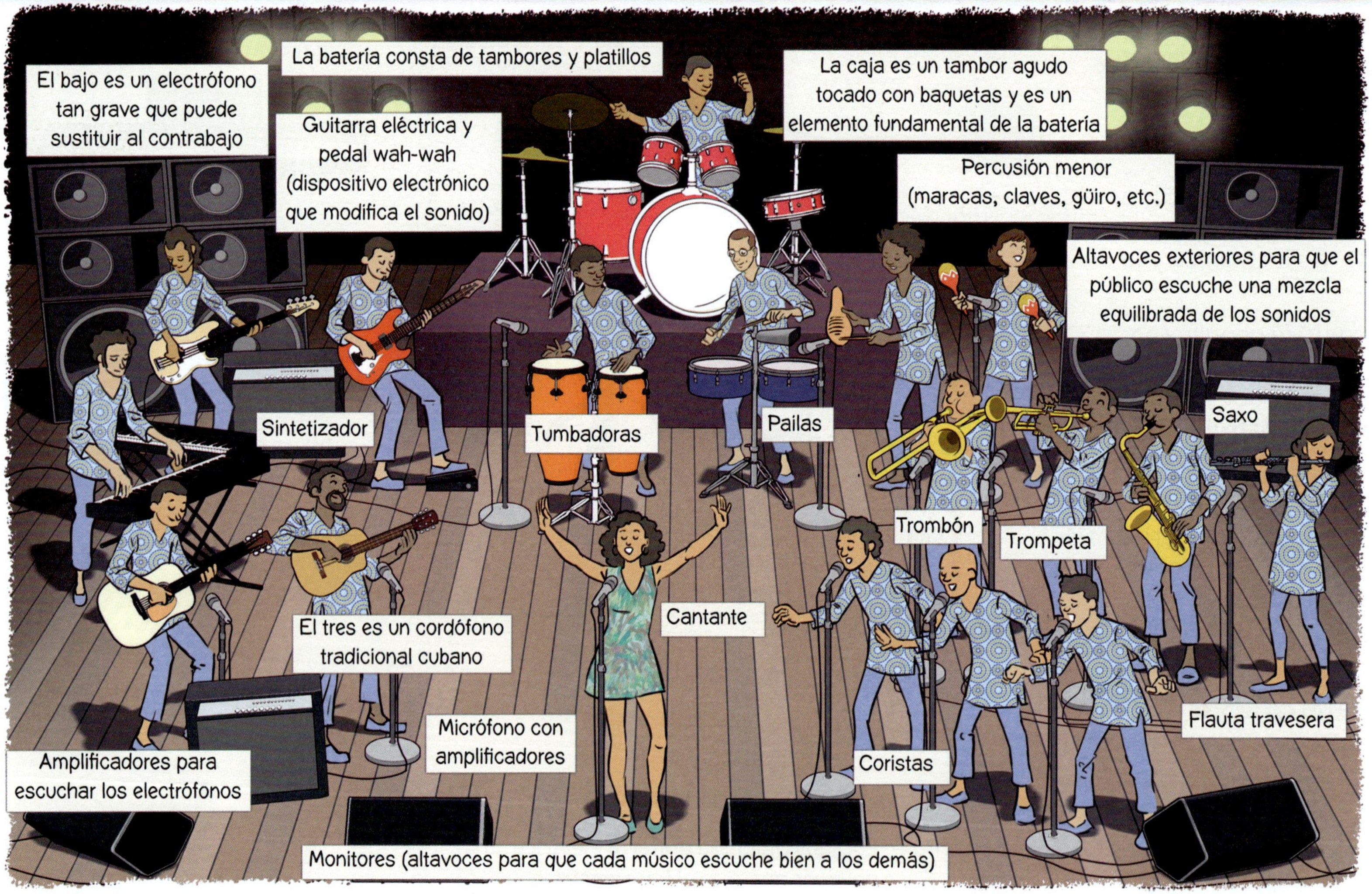

smSaviadigital.com
PONTE A PUNTO Aprende sobre las orquestas de salsa y sus instrumentos.

Escucha y reconoce los instrumentos de la orquesta de salsa.

Audición. *TAKA TAKA TA,* de Al Verlane. Grupo Irakere

Escucha esta audición. Trata de seguir la música marcando el pulso con la ayuda de la cuadrícula. No olvides hacer las repeticiones que se indican.

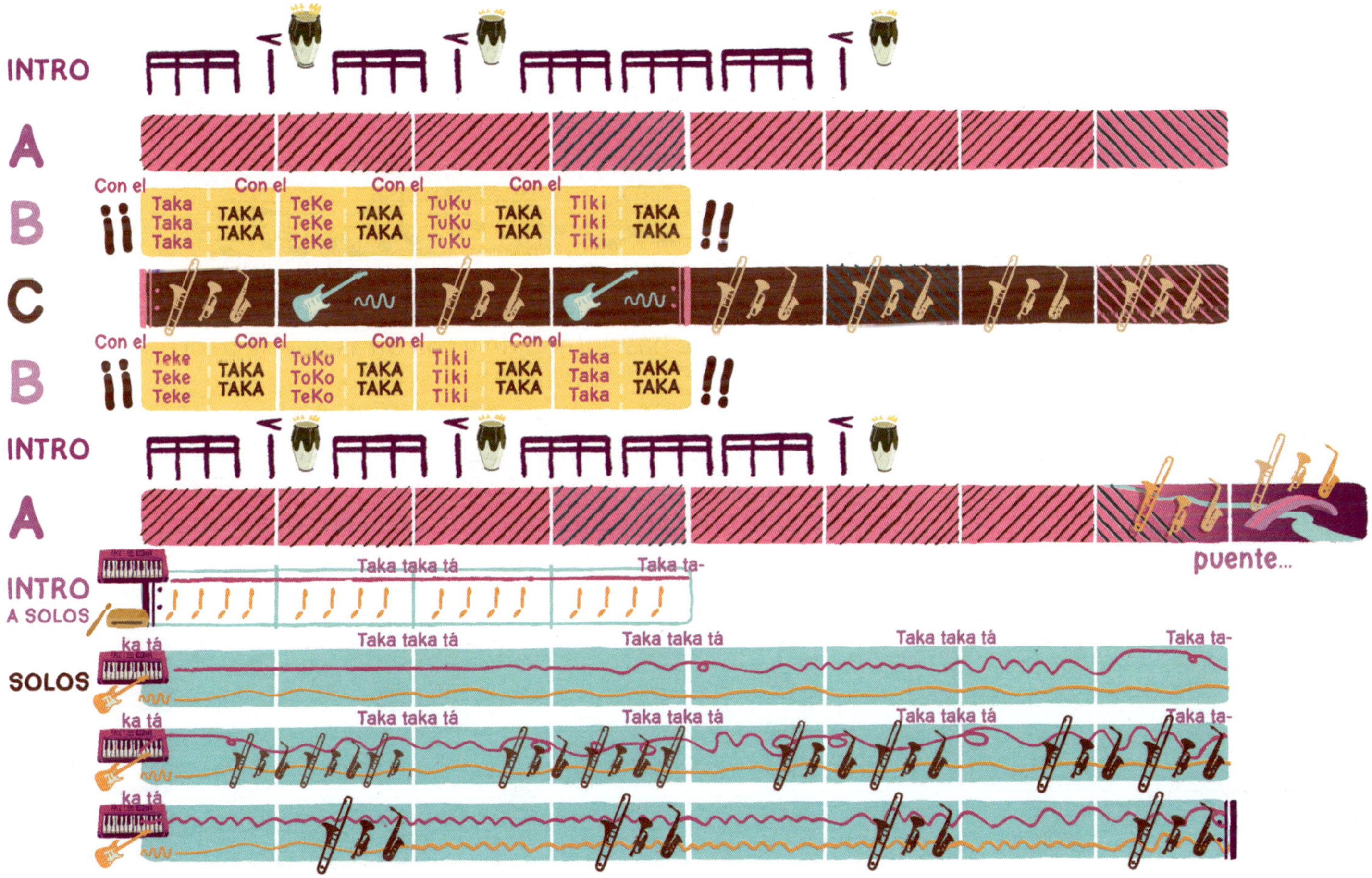

¿Sabías que...?

La salsa es un conjunto de estilos. Incluye músicas afrocaribeñas (son, chachachá, mambo, guajira, merengue, etc.), que se mezclaron con estilos como el *rock* o el *jazz*.

En esta obra hay dos partes de solos. ¿Crees que la segunda es idéntica a la primera? ¿Por qué? Razona tu respuesta.

sm**Savia**digital.com
PRACTICA Aprende a sentir la música con el **musicograma**.

Lenguaje musical. **Expresividad: *tempo* y carácter. Clave de fa**

- El ***tempo*** es la velocidad del pulso. En la partitura puede expresarse de dos maneras:
  - Mediante números, que indican cuántos pulsos se hacen por minuto. Por ejemplo:

    ♩ = 60

  - Y con estas palabras italianas: *largo* (largo), *adagio* (lento), *andante* (paso de andar), *moderato* (moderado), *allegro* (alegre), *presto* (rápido) y *prestissimo* (muy rápido).
- El **carácter** o estado de ánimo que un compositor desea transmitir en su música suele indicarse también con palabras italianas. Estos son algunos ejemplos: *tranquillo* (tranquilo), *dolce* (dulce), *con tenerezza* (con ternura), *leggiero* (ligero), *scherzando* (con gracia), *con moto* (movido), *animato* (animado), etc.
- La música para instrumentos de sonido grave, como el contrabajo, la tuba o el fagot, no se escribe en clave de sol. Sus notas estarían tan lejos del pentagrama que resultaría difícil leerlas. Por eso se emplea otra clave: la **clave de fa** en 4.ª línea. Este es su signo: 𝄢

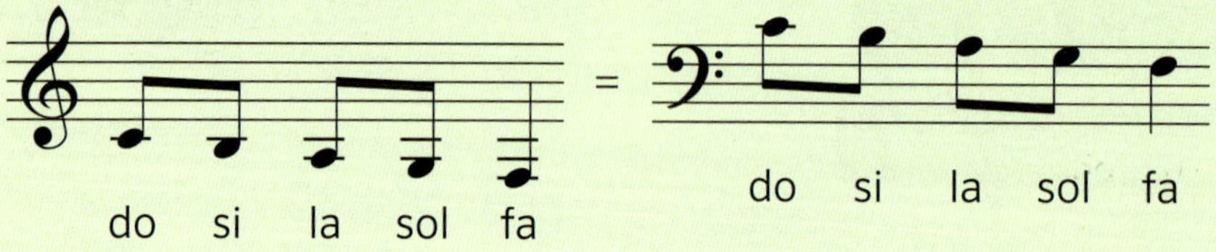

El piano tiene notas muy graves y muy agudas. Por eso, en la música para este instrumento se emplean las dos claves.

1. Lee este fragmento. Cuando lo hayas aprendido, interprétalo con las distintas indicaciones de *tempo*.

2. Ahora interpreta el fragmento anterior con las indicaciones de carácter que has aprendido y con otras que se te ocurran.

3. El piano tiene notas muy graves (mano izquierda) y muy agudas (mano derecha), por eso utiliza las dos claves. ¿Eres capaz de saber qué nota está tocando cada dedo en cada mano?

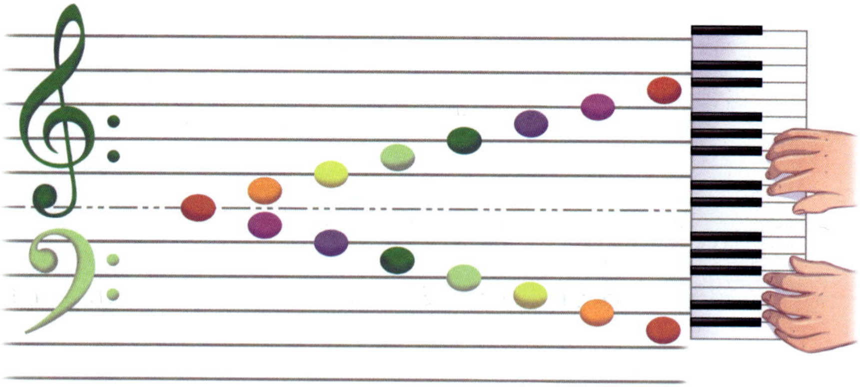

Canción. *“A-rock” a la cubana*

Escucha y aprende esta canción.

PISTA 17

Con mucha paciencia
hice una receta
combinando salsa y *rock*.
Música de Cuba
y legendario rocanrol.
Mezcla de moderno
con tradicional sabor.

(Estribillo)

Mezclo dos bananas
con un huevo frito,
salsa de tomate, arroz.
Y me sale un plato
delicioso de sabor.
Arroz a la cubana,
tan sabroso como el son.

(Estribillo)

4 Canta el estribillo de la canción con la ayuda de la partitura.

¡Ten en cuenta!

Esta canción se interpreta con *swing*. Esto quiere decir que, cada dos corcheas, la primera se hace más larga que la segunda.

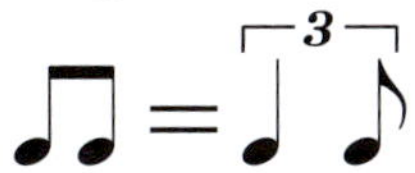

smSaviadigital.com
PRACTICA Juega y aprende con el **karaoke**.

Flauta. *Zorongo en puzle*

¡Ten en cuenta!

A veces se pone un sostenido (♯) o un becuadro (♮) entre paréntesis. Así se recuerda cómo hay que interpretar la nota que lo lleva.

Repasa todas las notas y aprende cada fragmento. Después, sigue el esquema y tócalos uno tras otro.

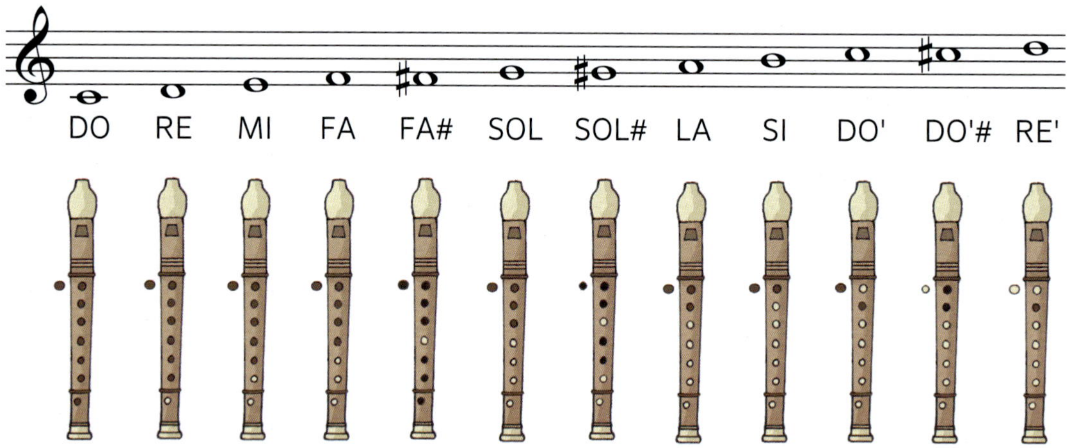

PISTA 19

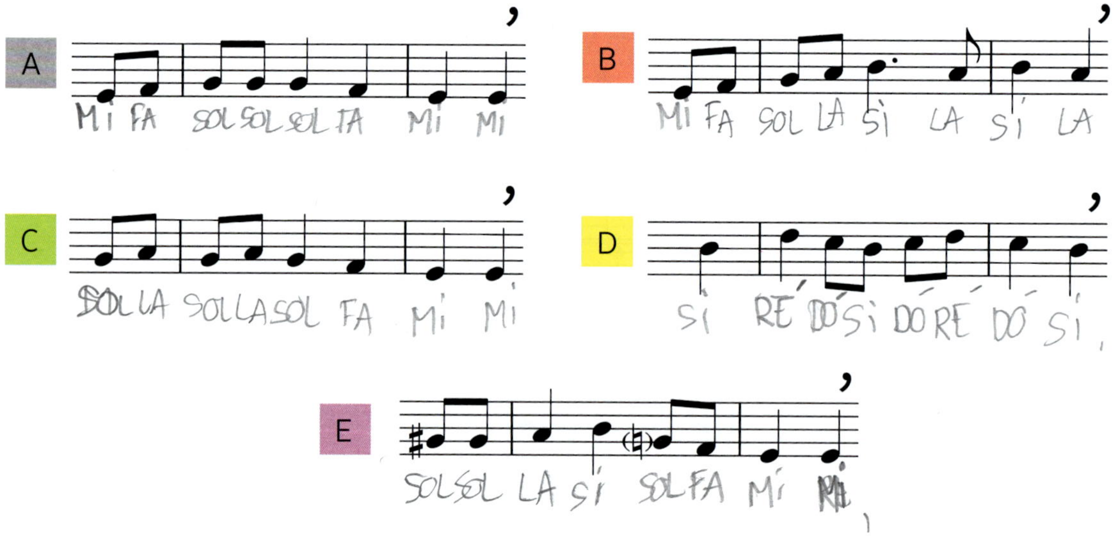

A	A	B	C	B	C		D	D	E	E		A	A	B	C

smSaviadigital.com

PRACTICA Aprende a tocar esta canción con el **karaograma**.

Interpretación musical. *Zorongo: tema con variaciones*

Interpreta este acompañamiento para el tema *Zorongo* con la ayuda de la grabación. Fíjate cómo varía el tema cada vez que aparece.

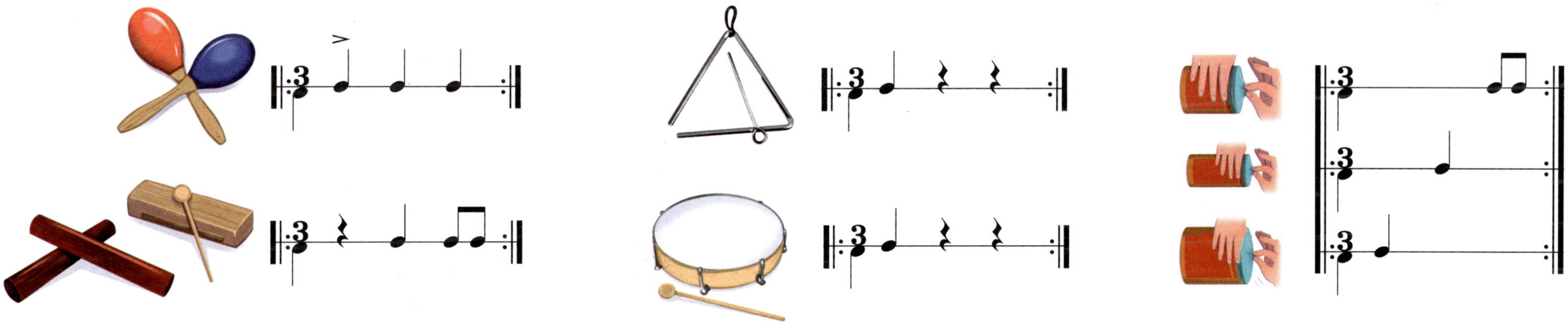

5 Los ritmos que aparecen arriba son para acompañar la parte A. Apréndelos. Después, interprétala en grupo con un mirlitón, mientras tus compañeros tocan los ritmos.

Actividades

1. Escribe en tu cuaderno los nombres de estos instrumentos electrófonos. Señala si son eléctricos o electrónicos.

a.

b.

c.

d.

e.

2. Indica en tu cuaderno si estas frases se refieren a los instrumentos eléctricos, a los electrónicos o a ambos.

a) Utilizan la electricidad.

b) Tienen cuerdas que vibran.

c) No hay ningún medio material que vibre.

d) Utilizan un amplificador.

3. ¿Cómo se llaman los sonidos que se producen utilizando solo la informática? Escribe la respuesta en tu cuaderno.

a) Acústicos.

b) Amplificados.

c) Digitales.

d) Eléctricos.

4. Relaciona en tu cuaderno cada instrumento con su familia.

Bombo	
Sintetizador	Cordófonos
Contrabajo	Aerófonos
Trompeta	Percusión: membranófonos
Guitarra	Percusión: idiófonos
Guitarra eléctrica	Electrófonos: eléctricos
Triángulo	Electrófonos: electrónicos
Saxofón	

5. Dibuja en tu cuaderno un pentagrama con la clave de sol en 2.ª línea y la clave de fa en 4.ª línea. Escribe en estas dos claves varias notas con sus nombres.

6. Ordena en tu cuaderno, de más lento a más rápido, estas palabras que indican el *tempo* o la velocidad del pulso de una obra.

Presto *Allegro* *Moderato* *Andante* *Adagio* *Largo*

7. Escribe en tu cuaderno cuatro palabras que expresen el carácter de una obra.

8. Copia la frase correcta en tu cuaderno.

a) Cuando un sostenido o un becuadro va entre paréntesis, ninguno de los dos tiene efecto.

b) Un sostenido o un becuadro entre paréntesis recuerda cómo hay que interpretar la nota que lo lleva.

smSaviadigital.com

VALORA LO APRENDIDO Comprueba lo que has aprendido en la **autoevaluación**.

Investigamos sobre un grupo musical

Vamos a investigar sobre alguno de nuestros grupos musicales favoritos. Para ello buscaremos información en internet.

MATERIAL

- Ordenadores con acceso a internet
- Cartulinas
- Lápices y rotuladores
- Pegamento y tijeras

Investigamos y ordenamos el material

PASO 1 Forma un equipo de trabajo. Elige con tus compañeros un grupo musical que os guste y que use instrumentos electrófonos.

PASO 2 En equipo, busca en internet datos sobre el grupo elegido. Escribe lo más interesante en tu cuaderno.

PASO 3 Selecciona un vídeo de alguna actuación del grupo.

PASO 4 Confecciona un mural con los datos encontrados: nombre del grupo, componentes, director, arreglista, productor musical, actuaciones, discos publicados, fotografías, etc.

Los grupos musicales suelen tener páginas web. En ellas están los datos sobre los profesionales que los forman: músicos, director, arreglistas, productores musicales, etc.

Exponemos nuestro trabajo

PASO 5 Presenta en clase vuestro grupo musical, mostrando las imágenes, la música y los vídeos.

PASO 6 Vota, junto a toda la clase, cuál es el grupo que os gusta más. Observa alguna de sus actuaciones por internet.

Danza 3 ¡Oh, Susana! (Estados Unidos)

Antes de empezar

- *¡Oh, Susana!* es una canción tradicional de Estados Unidos.
- Fue compuesta por Stephen Foster en 1848.
- Cuenta la historia de un hombre que viaja con su banjo desde Alabama a Luisiana para ver a su amada Susana.

Estructura de la danza

A1 A2	A1 A2	B1 B2	B1 B2

Seis veces

La posición de partida

Forma con tus compañeros dos filas, una enfrente de la otra. Debéis dejar espacio en el centro.

Paso clave

Comenzando con el pie de fuera, y los brazos y el cuerpo hacia abajo, das dos pasos saltados adelante. Con los brazos y el cuerpo hacia arriba, das otros dos pasos saltados con el pie interior.

Los pasos del baile

Paso 1

A

Los primeros de cada fila se reúnen en el centro. Después, se desplazan realizando el paso clave. Mientras, los compañeros dais palmas. Al llegar al final del pasillo que forman las dos filas, cada miembro de la pareja se coloca en su fila y salen los dos siguientes.

Paso 2

b1

Avanza cuatro pasos y da cuatro palmadas con tu compañero de la fila de enfrente.

Paso 3

B2

Retrocede cuatro pasos y da cuatro palmadas al llegar a tu sitio.

¡Ten en cuenta!

La danza se realiza varias veces. Al repetir la parte A, salen las parejas que quedaban en sus filas.

6 Grupos musicales diferentes

Escuchamos y hablamos

Cada país o cultura tiene sus propias agrupaciones musicales. En muchas de ellas se utilizan instrumentos y estilos musicales distintos a los europeos, como en el gamelán de Indonesia o en la orquesta árabe andalusí. Otras son más cercanas a nuestra música, como el famoso mariachi mexicano.

- Escucha ejemplos de estas tres agrupaciones. ¿Cuál te gusta más? ¿Por qué?
- ¿A qué familia de instrumentos pertenecen los de la fotografía? ¿Conoces alguno parecido?

Música y cultura. Agrupaciones musicales de otras culturas

Los pueblos o las culturas tienen música, instrumentos, ritmos, canciones, vestimentas y estilos musicales propios. Las agrupaciones musicales de algunas culturas son muy conocidas en todo el mundo.

El mariachi

Agrupación típica de México. Usa varios tipos de guitarra, violines, trompetas, voz y, a veces, arpa, acordeón o marimba.

Orquesta árabe andalusí

Se originó en el norte de África. Utiliza la voz, aerófonos parecidos a la flauta, al oboe o al clarinete; violines, laúdes, panderos, tambores y crótalos.

El gamelán

Proviene de Indonesia. Usa instrumentos metálicos (gongs, campanas y metalófonos) y otros, como xilófonos, membranófonos, flautas y cordófonos. También utiliza la voz.

¿De dónde vienen?

Observa en el mapa las zonas geográficas de donde proceden el **mariachi**, la **orquesta árabe andalusí** y el **gamelán**.

Escucha y aprende a identificar cada una de estas tres agrupaciones musicales.

- Busca información sobre sus instrumentos.

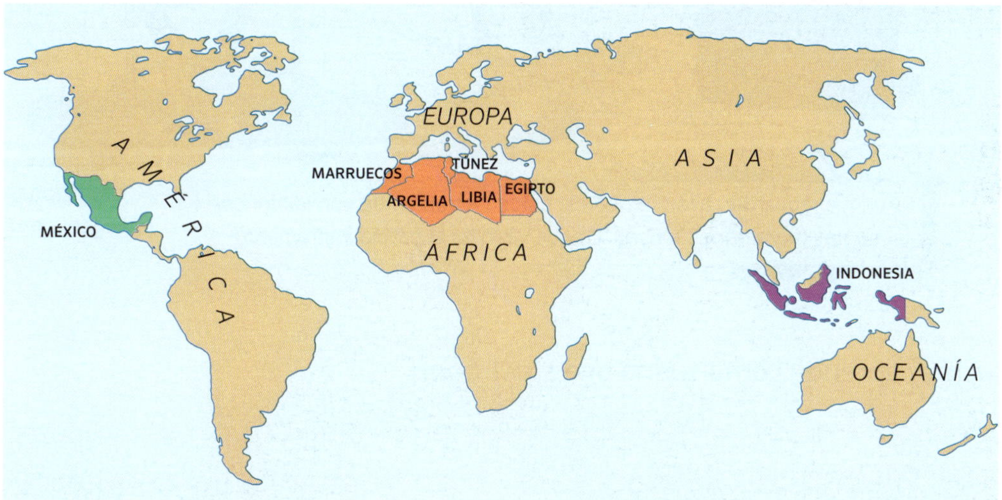

Música y cultura. ***Steel-band:* banda de bidones**

La ***steel-band*** es una banda en la que se utilizan bidones de acero (***steel-drum***). Muchas veces está acompañada por instrumentos como el bajo, la batería y otras percusiones. Durante una época, el uso de tambores estaba prohibido en algunas islas del Caribe. Por eso, los músicos los sustituyeron por bidones metálicos. Así se inventó este instrumento.

Escucha y aprende cómo suena una *steel-band*.

smSaviadigital.com
PONTE A PUNTO Aprende sobre las *steel-bands*.

Audición. ***Hakuna matata* ('no te preocupes'),** de Elton John

Escucha la audición siguiendo las pistas. Fíjate en la cuadrícula para llevar el pulso. Si en algún momento te pierdes... *¡hakuna matata!*

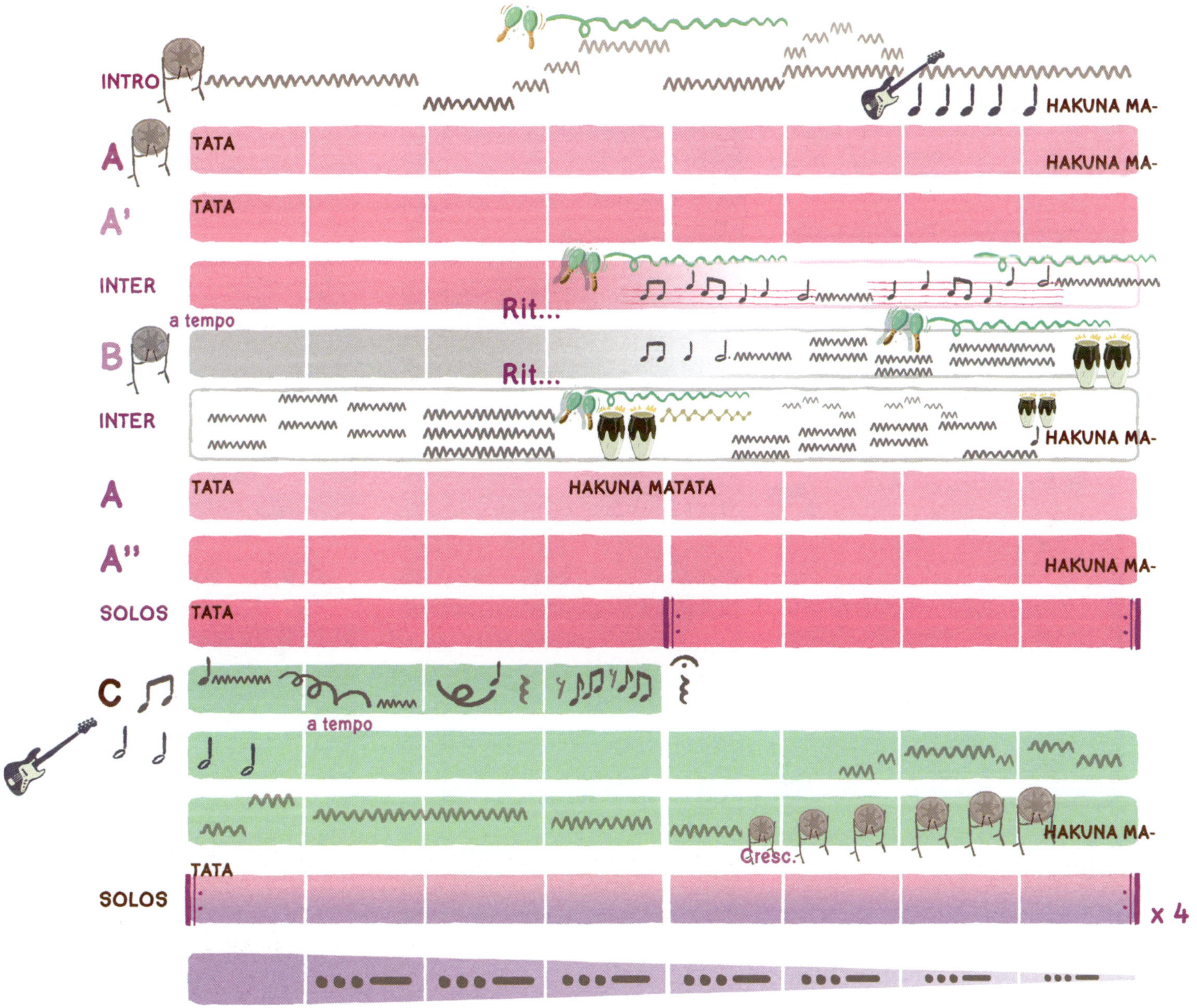

¿Sabías que...?

Hakuna matata es una expresión de la lengua africana llamada suajili. Significa 'no te preocupes, vive sin problemas'.

sm**Savia**digital.com
PRACTICA Aprende a sentir la música con el **musicograma**.

Lenguaje musical. **Musijuego**

1 Juega con tus compañeros para repasar todo lo que has aprendido. En las casillas debes nombrar, explicar o interpretar.

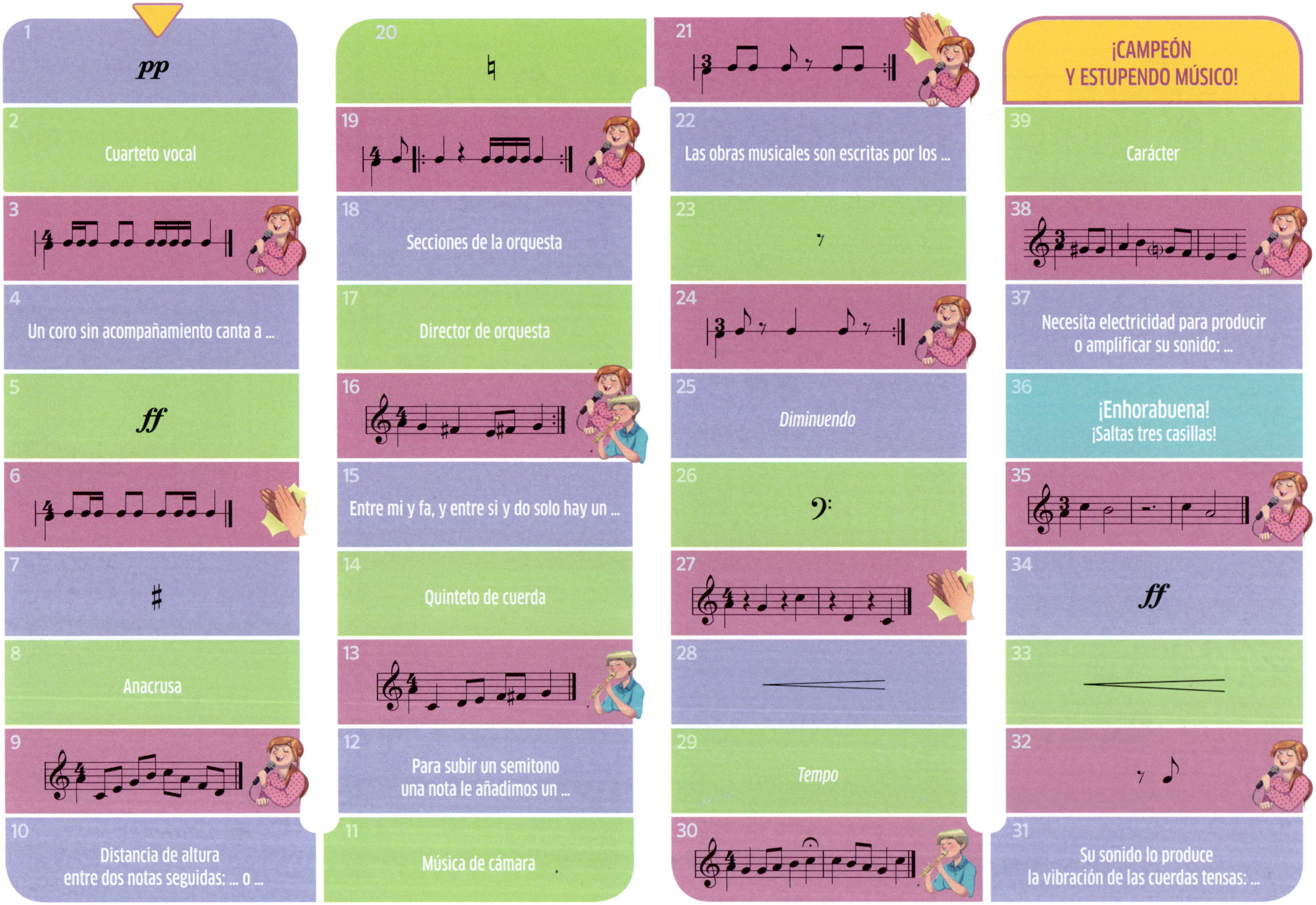

Canción. ¡Cuánta agrupación!

Escucha y aprende esta canción.

PISTA 21

En las islas del Caribe,
una banda sin igual,
en la que tocan bidones
abollados de metal.
(Estribillo)

En los grupos más modernos,
en la salsa y en el *rock*:
instrumentos enchufados
y con amplificador.
(Estribillo)

En desfiles, carnavales
o para una procesión,
bandas llenas de metales
y con mucha percusión.
(Estribillo)

En las salas de concierto
o conciertos de salón,
¡qué belleza de instrumentos
de elegante condición!
(Estribillo)

2 Canta el estribillo de la canción con la ayuda de la partitura.

¡Ten en cuenta!

Al cantar, debes colocar bien la boca y los labios para pronunciar correctamente las vocales.

smSaviadigital.com
PRACTICA Juega y aprende con el **karaoke**.

Flauta. *Rondó*

¡Ten en cuenta!

Un rondó es una obra con varias frases musicales. Una de ellas se repite: se intercala con las demás como si fuera un estribillo. Casi siempre es la frase A.

Aprende estas frases musicales. Después, sigue cada uno de estos esquemas para unirlas.

1.º A A B A C D E A   2.º A B A C A D A E A

PISTA 23

A

B

C

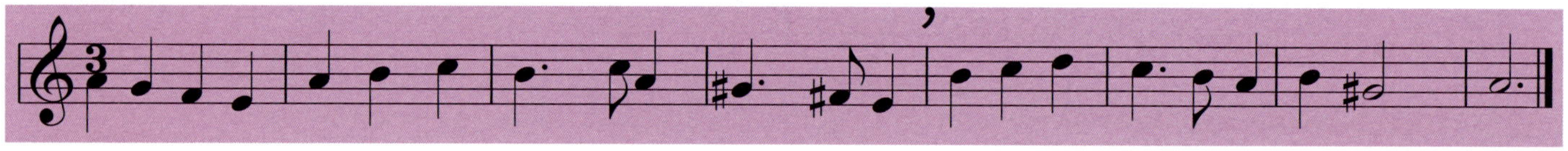

D

E

smSaviadigital.com
PRACTICA Aprende a tocar esta canción con el **karaograma**.

Interpretación musical. **Somos compositores digitales**

3 En grupo, conviértete en un compositor digital.

- Entra en la dirección web que se indica en la parte inferior de la página.
- Una persona será la responsable de lanzar los sonidos desde el ordenador.
- El resto del grupo elegirá los sonidos: escuchad las posibilidades que se ofrecen y elegid una de cada sección.
- Inventad gestos y movimientos para acompañar cada patrón.
- Practica el resultado en grupo.
- Después podéis grabar la secuencia e interpretarla en clase.

SECCIONES SONORAS				
VOZ	★	▲	●	■
RITMOS	★	▲	●	■
MELODÍAS	★	▲	●	■
COROS	★	▲	●	■

SECUENCIA DE INTERPRETACIÓN				
1.º	Voz			
2.º	Voz	Ritmo		
3.º	Voz	Ritmo	Melodía	
4.º	Voz	Ritmo	Melodía	Coros
5.º		Ritmo	Melodía	Coros
6.º			Melodía	Coros
7.º				Coros

4 Inventa nuevas piezas musicales. Puedes elegir cualquiera de los esquemas sonoros, aunque se repita una misma sección varias veces. Elige una de las propuestas y muéstrasela al resto de la clase.

smSaviadigital.com
PRACTICA Aprende a componer **melodías**.

Actividades

1. ¿A qué agrupaciones musicales estudiadas en esta unidad corresponden estos instrumentos? Hay uno que pertenece a dos de ellas. ¿Cuál es? Escribe las respuestas en tu cuaderno.

a.

b.

c.

f.

e.

d.

g.

2. Copia las columnas en tu cuaderno y relaciónalas con flechas.

Indonesia	Orquesta árabe andalusí
México	Gamelán
Norte de África	Mariachi

3. ¿Qué agrupación musical caribeña emplea tambores hechos con bidones de acero? Escribe en tu cuaderno la respuesta correcta.
   a) Mariachi.
   b) Orquesta árabe andalusí.
   c) *Steel-band*.
   d) Gamelán.

4. ¿En qué islas surgieron las llamadas "bandas de bidones"? Copia la respuesta en tu cuaderno.
   a) Islas Galápagos.
   b) Japón.
   c) Islas del Caribe.
   d) Islas Canarias.

5. ¿Qué significa *hakuna matata*? Responde en tu cuaderno.

6. ¿Cuál de estos esquemas corresponde al de un rondó? Escribe la respuesta en tu cuaderno.
   a) AAABBB
   b) ABABAB
   c) AABBCC
   d) ABACADA

7. Copia esta escalera en tu cuaderno. Después, complétala con las notas que faltan.

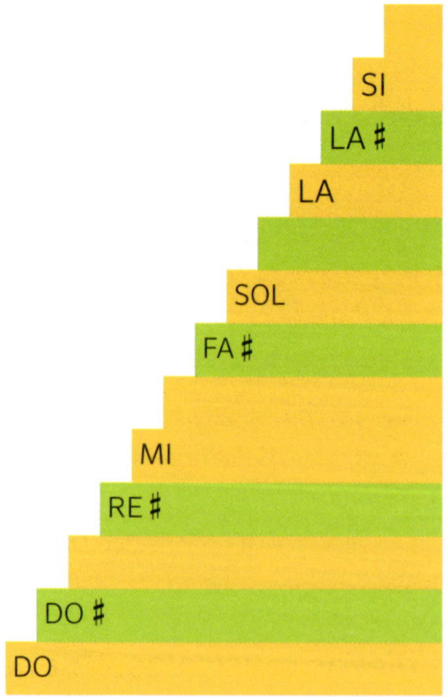

smSaviadigital.com
VALORA LO APRENDIDO Comprueba lo que has aprendido en la **autoevaluación**.

Vamos a aprender a hacer música de tres formas distintas: creando melodías y ritmos, aprendiendo a improvisar y leyendo partituras inventadas. Elige tu **grupo de composición**.

MATERIAL

- Instrumentos del aula
- Cartulinas
- Lápices y rotuladores
- Pizarra

Melodías y ritmos

PASO 1 Elige el compás, las figuras, los silencios y las notas musicales que quieras utilizar.

PASO 2 Forma con ellos dos ritmos de cuatro compases cada uno. Plantea el primero como una pregunta y el segundo como una respuesta.

PASO 3 Asigna a cada figura la nota que prefieras. Toca la melodía en grupo con la flauta o con otros instrumentos.

Improvisación

PASO 1 En grupo, decide durante cuántos pulsos vais a improvisar. Alguien debe llevar el compás con un bombo.

PASO 2 Cada uno toca, libremente, solo un instrumento durante el número de pulsos acordado. También podéis improvisar varios compañeros a la vez.

PASO 3 En grupo, toca la improvisación para el resto de la clase.

Partituras inventadas

PASO 1 Dibuja una partitura parecida a la que interpretaste en la página 13 de la unidad 1.

PASO 2 Asigna a cada dibujo un sonido producido con la voz o el cuerpo. Cada miembro del grupo se encargará de interpretar un sonido diferente.

PASO 3 Ensaya la partitura e interprétala con tu grupo para el resto de tus compañeros.

Para componer obras musicales hay que estudiar mucho. Pero es divertido jugar con los elementos musicales para inventar e improvisar músicas.

Función de fin de curso

El club de los Resuelvemisterios

El club de los Resuelvemisterios recibe una enigmática carta. En ella, alguien explica que hay un tesoro escondido en una mansión abandonada, bajo la armadura del conde Berenguelo. Los siete inician la búsqueda del tesoro y conocen a curiosos personajes en las casas en las que se cuelan.

Los personajes

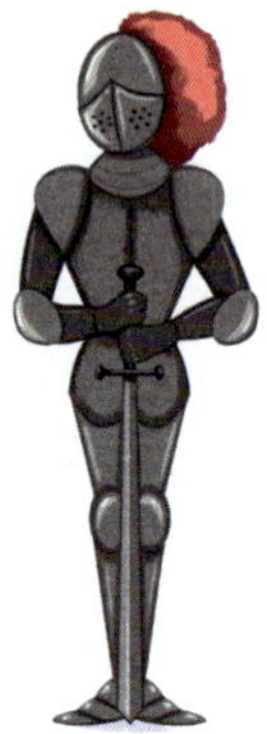

Escucha la grabación. Después, numera en tu cuaderno estos personajes según su orden de aparición.

Escucha la canción. Después, cántala con tus compañeros.

Leer mola

Este libro es estupendo.
¡Me lo estoy pasando pipa!
Me río tanto leyendo
que me duele hasta la tripa.

Si el libro es de miedo, ¡ay!,
a mi compi yo me achucho
y nos lo pasamos guay.
¡El libro nos gusta mucho!

Leer me gusta un montón,
más que a un gato un cascabel.
Un libro es chachimolón.
¡Lo paso bomba con él!

Con un libro de aventuras
es segura la emoción.
¡Cuánto engancha su lectura!
Pone a cien el corazón.

Si es un libro de poemas,
al leer, qué bien me encuentro.
Se me olvidan los problemas.
¡Hace cosquillas por dentro!

Cordófonos

Los instrumentos cordófonos producen sonido cuando vibran sus cuerdas.

Cuerda frotada

Violín

Viola

Violonchelo

Contrabajo

Cuerda pulsada

Arpa

Guitarra

Laúd

Cuerda percutida

Piano

Aerófonos

Los instrumentos aerófonos suenan al vibrar el aire en una cavidad.

Viento-madera

Flauta dulce

Flauta travesera

Oboe

Clarinete

Fagot

Saxofón

Gaita

Viento-metal

Trompeta

Trompa

Trombón

Tuba

Electrófonos

Los instrumentos electrófonos necesitan la electricidad para producir o amplificar el sonido.

Guitarra eléctrica

Sintetizador

Bajo eléctrico

Batería eléctrica

Órgano Hammond

Contrabajo eléctrico

Membranófonos

Los instrumentos membranófonos suenan al vibrar sus membranas tensas.

Tambor

Timbal

Congas

Pandero

Zambomba

Mirlitón

Idiófonos

Los instrumentos idiófonos son todos aquellos que producen el sonido al vibrar el propio instrumento.

Xilófono

Metalófono

Platillos

Claves

Maracas

Güiro

Gong

Cascabeles

Sonajas

Triángulo

Castañuelas

El libro de **Música** para **5.º de Primaria** forma parte del Proyecto Editorial de Educación Primaria de SM. En su realización ha participado el siguiente equipo:

Ilustración de cubierta de Jesús Gabán, del libro *Versos del bosque*, Ediciones SM, 2013.

Autoría. Ángel Müller Gómez, Nacho Martín-Vivaldi Martínez, Carmen Gil Martínez (funciones), Sara Rodríguez Notario (danzas)

Letra y música de las secciones *Canción* y *Flauta*. Nacho Martín-Vivaldi Martínez (letra y música de *Cantar contigo, ¿Música de cámara? ¡Qué desconcierto!, La Orquesta Menestra, ¡Mi banda no anda!, "A-rock" a la cubana, ¡Cuánta agrupación!*). Ángel Müller Gómez (música de *Alegre otoño, Sol y nieve, Salto y paseo, Sosteniendo el sol, Zorongo en puzle*. Adaptación de *Rondó*)

Edición. Sara Navas San Millán, Margarita Plata Serrano, Esther Müller Hernández, José Ignacio de Benito Jiménez

Corrección. Andrea Mazas García

Ilustración. María José García Simavilla; Germán Tejerina Martínez; Rubén Jiménez, EL RUBENCIO; Antonio Moisés Lorenzo de las Cuevas; Lluis Filella García; Eva Sans Ribera; Pedro Rodríguez Rodríguez; GlezBros, Jesús Gabán (cubierta)

Fotografía. Sergio Cuesta/Archivo SM; Pedro Carrión Juárez; Alfredo Cáliz; Montse Fontich; CONTACTO; EFE; PRISMA; LATINSTOCK; CMCD; PHOTODISC; THINKSTOCK; BRAND X PICTURES; CORDON PRESS; 123RF; SHUTTERSTOCK; GETTY IMAGES; AGE FOTOSTOCK; ALBUM

Audiciones. Paco Arribas, Producciones Musicales (estudio de grabación); Clara Engel Hamilton y Gabriel Engel Hamilton (cantantes); Charo Charro García y Jonatan Machín Méndez (actores)

Edición gráfica. Sergio Cuesta Caminero

Diseño de cubierta e interiores. Estudio SM

Responsable del proyecto. Esther Müller Hernández

Coordinación de contenidos digitales. Mara Mañas Martínez

Coordinación editorial de Humanidades. Javier Ibarra Alonso

Coordinación editorial de Primaria. Pilar Menéndez Camarena y Nuria Corredera Arana

Dirección de Arte del proyecto. Mario Dequel Losa

Dirección editorial. Aída Moya Librero

Todas las actividades contenidas en este libro han de ser realizadas en un cuaderno aparte, nunca en el propio libro. Los espacios incluidos son meramente indicativos y su finalidad es puramente didáctica.

Gestión de las direcciones electrónicas
Debido a la naturaleza dinámica de internet, SM no puede responsabilizarse de los cambios o las modificaciones en las direcciones y los contenidos de los sitios web a los que remite en este libro.
Con el objeto de garantizar la adecuación de las direcciones electrónicas de esta publicación, SM emplea un sistema de gestión que redirecciona las URL que con fines educativos aparecen en la misma hacia diversas páginas web; entre otras de uso frecuente: http://es.wikipedia.org, www.youtube.es. SM declina cualquier responsabilidad por los contenidos o la información que pudieran albergar, sin perjuicio de adoptar de forma inmediata las medidas necesarias para evitar el acceso desde las URL de esta publicación a dichas páginas web en cuanto tenga constancia de que pudieran alojar contenidos ilícitos o inapropiados. Para garantizar este sistema de control es recomendable que el profesorado compruebe con antelación las direcciones relacionadas y que comunique a la editorial cualquier incidencia a través del correo electrónico ediciones@grupo-sm.com.

Cualquier forma de reproducción, distribución, comunicación pública o transformación de esta obra solo puede ser realizada con la autorización de sus titulares, salvo excepción prevista por la ley. Diríjase a CEDRO (Centro Español de Derechos Reprográficos, www.cedro.org) si necesita fotocopiar o escanear algún fragmento de esta obra.

© SM
ISBN General: 978-84-675-5543-1
ISBN Andalucía: 978-84-675-7527-9
Depósito legal: M-1589-2012
Impreso en la UE / *Printed in EU*

Este libro está impreso en papel procedente de bosques gestionados de manera sostenible.